# Real Entrepreneurship

# アントレプレナーシップ 経営の実践

エデュース・はら事務所

原 清

Hara Kiyoshi

SUNRISE

# 「アントレプレナーシップ経営の実践」について

〝アントレプレナー〟は「起業家」を意味し、ここでは創業者や中興の祖、と言われる2代目、3代目以降に継ぐ経営者の呼称です。

当書は、今から起業される方を含め、あらゆる中小企業の経営者・幹部を対象にしています。

アントレプレナーとして一家を成し、伸ばす人に共通する要素は、

1、事業を通じて〝やりたいこと、実現したいことの目標〟とそのための情熱
2、人としての〝誠実さと真っ直ぐさ〟、〝リーダーシップ〟
3、〝発信力・現場実務実践力〟で周囲を巻きこむ勢い
4、個から始まり全体を個としてまとめるマネジメント
5、エネルギーの源、心身の健康、自己管理と生活環境

です。

起業家としての生活の根本は、
〈自立・自主・自律〉に在ります。
〈心身の独立・自らの意志・自らを制する〉

そうであることが真のプロフェッショナルへの道に続きます。

内容は往時、メンバーと共に、㈱エデュース主催の経営ゼミナールで副読本に供しました。マネジメントコンサルの体験・経験事例から学び得た内容ですが、爾来、幾星霜を重ねた今も変わらない経験則です。

経営は結果です。しかしその過程は艱難辛苦を極め、ヒト・モノ・カネの調達、有効活用、海図なき大海原を小舟で漕ぎ出でるがごとき孤独感は過酷です。

アントレプレナーシップ・起業家としての基軸は、志強くやりたい事のために全力で取り組むことにあります。考え方の根本・経営の原理原則・やり方の基本を全体の構想構図に描き、迷うことなく実行するのです。

他に依存するのではなく、自分の思いを実現するために、ただひたすら「求めよ、さらば与えられん」と信じて。

城山、堀端の緑鮮やかな頃

記す

# はじめに

「経営の原点、マネジメントの原点、人づくりの原点は〝三チャン経営〟にあり」、というのが私の主張です。

二人、三人から商いを始めた時には間口三間の古家を改造して、柱だけの立体空間に、旋盤を一台据え付けて加工賃仕事を始めた時も、公設市場の隅っこで女房と一緒に小さな魚屋を開いた時も、自分がすべての仕事をとりしきっていたものです。

以来何年、何十年という時間の経過が、商店、町工場をひとかどの会社へ、と名実共に成長させて今に至っているのです。

その間に、創業者も年を重ね、二代目、三代目へと引き継がれて、会社は、個人とは別の法人として生き続けています。

会社には生命があります。この生命は人の生命よりも永らえることもありますが、早く断えてしまうことの方が多いのも現実です。

多くの会社を見ていますと、「何も特別のことをやらなくとも当たり前のこと、基本的なことさえ、しっかりやっておればよいものを…」と、残念な思いをすることは一度や二度ではありません。

会社がダメになる直接の原因が、過大投資であり、売上不振であり、投機の失敗によるものであっても、その裏にある本当の原因はトップ自身が経営の原点である三チャン経営のあり方を忘れ、基本に忠実であるべきことを忘れ去ってしまっていることにあります。

売上規模、社員規模が生業、家業レベルを越えてしまった会社や、伸びていかなければ存在価値そのものを失ってしまうような企業規模の社長にこの一文に託した内容を確認して頂きたいものです。

〝三チャン経営〟の真髄を今何故必要とするのか、どんな意味をもつのかを再認識することが、時代の変化に右往左往しないための一つの方法です。

経営は理屈ではありません。経営は実践であり、経験であり、それはまた限りなく経営者自身そのものです。
役立つものは面白いものです。人の心を打つものです。書く方のプレッシャーとしてこのことを頭にいれておきたいものです。

株式会社エデュース
原　清

目次

## Ⅱ 起業型社長が醸し出す本能

# アントレプレナーシップ経営の実践

# Ⅰ　起業型社長の考え方と行動基準

## 1　高い目標と気高い理想に燃える

人は怠けようと思えばどうにでも無駄な時間を過ごすことができます。心から音楽やスポーツを楽しむ為には、自分のやるべき本来の仕事がしっかりとできていることが必要です。人との付き合い、社交団体と言われるお付き合いの中での人間関係にしても然りです。日常生活の一つひとつのことに明確な目標を持たなければ会社を経営することのプレッシャーを楽しみにまで昇華することはできないし、少なくとも、〝楽しむ〟ということができる為には、心から楽しめるための基盤がなくてはならないのは当然の大前提です。

小成に甘んじるということがあります。「食べていければ良い」「これ以上大きくすればシンドイだけだ」と思うのも一つですが、会社をリードすべき立場の人が守りに入ってしまっては社員も救われようがありません。

社員が辞めていく理由の最大のものは、社長に夢、ロマンがなくて会社の先き行きに希望の持てない時です。これは優秀な社員であればある程そうですから、下手をすると残っている社員はどこへ行っても使い物にならないか、ヤル気のない人ばかりだということにもなりかねません。

会社がうまくいって順調である時には社員の一人一人が同じ顔をしているように見えますが、会社がピンチである時にはダメな社員だと思っていた人ほど真っ先にトップの寝首をかくものです。トップの背後からバッサリとケサがけで闇討ちをするものです。しかしそれを恨んではいけません。そういういい加減な人を登用していたのはトップ自身ですし、彼らは彼らで妻子を養い家庭を守る責任があるのですから。

理想の社長は業績をあげなければなりません。理想の社長は人を育てなければなりません。そして理想の社長は、明日への礎を日々つくり続けなければなりません。

その為にこそ、

＜その一＞、社長としての先見性をしっかり持ち、仕事と役割を確認する。

〈その二〉、社長として持つべき考え方と行動の在り方、それに伴うシビアなマネジメントを徹底する。ことが大切です。

## 2　起業型社長、六つの能力

理想の社長とは架空の存在ではありません。会社の経営がうまくいっているし、又、今後もこの社長がいる限り大丈夫であろうという安心感を持つことのできる会社の社長のことをいうのです。

今、この現状を維持して利益を確保するだけなら社長一人がしゃかりきになり、陣頭指揮の叱咤激励によって何とか可能であるかもしれません。

しかし、会社は続かなければなりません。続けるということは大変な事業なのです。続けることは社長一人の力だけではどうしようもないことがあります。もちろん社長の能力にすべてがかかっているのですが、少なくとも社員の一人一人が社長の考え方を理解、納得して行動をしなければ会社の維持、継続などできるはずもないということなのです。

理想の社長はヒトがよいだけでは困ります。理想を追うだけの人も困ります。社長の持つべき六つの能力を確認します。

## ＜社長の能力＞

### 1　先見力・洞察力

先見力というのは「物事の〝本質〟を見抜く力のこと」です。本質を見抜く為には少なくとも損得勘定がしっかりできていて当然であり、善悪の判断基準があるだけではだめです。

どうしても目の前に美味なものがブラ下がりますと、つい目が行き、手が伸びます。又、自分に都合の良い情報だけを入手し、判断材料にしてしまいがちです。例えば土地投機にしても株式投資にしても然りです。だから先見力のベースは「そのことが自然かどうか」「常識的な判断に沿うか否か」ということを常に頭に叩き込んでおくことにあります。

〝日常の生活における生活感を基本において、当り前のことを新鮮な目で分析する。〟〝大きな政治、経済のうねりと流れをしっかりと把握する。〟その中における、〝自社の現状を明確にし、分析・整理しておく。〟ことです。

①六分のカンと四分の裏づけ、分析力

社長としての先見力、洞察力によって、将来を考えようとする時に不可欠なものがカンと分析力です。カンというものは理屈を超え、論理的な思考を越えて、会社の置かれた立場をトータルとして把握し、自分の得た情報により状況を判断する能力のことです。

会社をとりまく環境と問題点を把握した上で、情勢の変化にどう対応するかを準備しておかなければなりません。産業構造の大きなうねりの波は客観的事実として認識しておかなければなりませんが、中小企業が独自の市場や商品を持つ場合、その需要予測は極めて難しいものであり、社長として自ら培ったカンの重要度は大企業におけるトップのそれと比べてはるかに大きいものです。

又一方で冷静な分析力も不可欠です。

カンも損得勘定が先行しますと迷いと狂いが生じてきます。しかし、動物的なカンというものは案外こういった冷静な分析力によって支えられているものなのです。

例えばファッション・アパレルなどは企業規模がいくら大きくなってもトップのカンと分析力がないと市場にあった商品づくりは出来ません。だから、分社制、事業部制を上手く導入し、なるだけ小さな単位で経営を見て、そのシステムの活用をすることが商品づくり、人材づくりのために善循環することも多いのです。但し、年商三十億規模で分社すると反って経営資源が分散し、失敗することがあります。この規模なら、まだまだ社長の動物的なカンと分析力こそ最大の武器であり得るということになります。

分析力とは情報分析力であり、ものごとを順序立てて論理的に考えるための基本になります。分析することもなく、「エイ、ヤー」で決めてしまうような蛮勇は、企業規模が一定のレベルに至りますと危険極まりのないやり方ですし、又一方、分析だけの理性のみでも決断は出来ませんから、カンと分析力の両方にバランスが必要なのです。

②問題意識力

すぐれた会社は現状認識がしっかりできています。会社としての現状がしっかり把握出来ているということは、社長に問題意識があるということです。社長として体験してきたことと現在の政治、経済の流れを読むことから会社としての先き行きをある程度は読めるものです。全く読めない、わからないとするなら、社長自身に常日頃の問題意識がないといわれても仕方ありません。

例えば、「問屋という業態の在り方」というテーマを考えて見ると通信販売のここ数年の急激な進展、ディスカウンターの拡大という現状を考えれば、単なる物流機能と金融機能を果たすだけで生きていけないことは自明の理です。そこには問屋自身の業態開発による小売業への進出や、海外商品の集散基地づくり、それに伴うマーチャンダイジング力の強化が具体策として出てこなければならない筈です。

自社の現状認識ができていない社長は、〝情報収集力の弱さ〟〝問題認識力の低さ〟〝本質を見ようとする癖のなさ〟〝視野、視点の狭さ、低さ〟が問題です。

又、私達の日常生活の在り方や、生活人としての目で日常生活を考えるという部分から自社の事業展開を考える先見性も必要であると思われます。

例えば、老後や病気となった時のための備えとしてのガン保険や介護保険の開発、有料老人ホーム等の建設があり、又主婦の手間を省くためのチルド食品、惣菜食品、紙オムツ…等々、改めて身の廻りを眺めてみれば「こんな便利なものがあったのか」と驚くことの多さに気付く筈です。これらはすべてお客様（＝市場）のニーズの先取り、即ち日常生活をベースとした先見性、洞察力のなせる技です。

## 2　欲望・野心・気迫

人として持つべき理性や品性を具備することを念頭において、欲望と野心は〝バイタリティー〟を生み出すエネルギー源となります。

「あいつの言っていることは気違い沙汰だ。出来る筈はない」と他人に思われる位のことを考えていないと、少なくとも他人とは異る自分のやりたいことに近づけることは出来ません。安全を期すなら、現在の自社の商品・市場、マネジメント力、そして人材力…等の延長線上に将来を見るのが一番でしょう。しかし、それだけでは現状から脱皮することは出来ません。そうではなくて「将来をこうするために現状はこうあらねばならない」という発想こそ重要なのです。ここが〝社長としての個人的な欲望や野心が会社の在り方を規制する〟という、大切なところなのです。

トップの個人的な欲望はトップ自身のヤル気を生み出す大きな力の源泉ですが、社員との一体感に昇華させていくにはそれだけではダメです。

社員の共感を得るもの、社会性を意識することの出来る、又社員を燃え上がらせることのできる、〝会社としての目標やビジョン〟が存在していなければなりません。

よくあるような、〝地域生活に貢献する…〟〝人のために、世界のために…〟といったキレイゴトが社員の心の琴線にふれるわけはありませんし、そんな口先だけの嘘でトップの心も又、燃えるわけもありません。

人は年を重ねて、現状を肯定し保守に走ると、挑戦意欲が萎えてくるものです。トップ自身も又然りで、自らをムチ打つことの出来ない人は会社を腐らせていきます。

会社が腐るということは、リスクを張ろうとしないこと、前向きの動きがなくなってくることを言います。気迫、執念…この精神力が社長たる立場の人に求められる大切な要件になります。

社長は二十四時間が戦闘体制に在ります。酒を飲んでいてもゴルフをしていても、自分の思っていることを一生懸命に考えています。幹部の一人や二人を説得出来ないような軽い思いでものごとを考えていることはありません。

気迫と執念はあくまで社長自身の野心となり、社長としての欲望を実現したいというエネルギーを会社全体のパワーとするために必要な要件であり、決して我執や自分だけへのこだわりのためのものではありません。

## 3 品性

品性とは、むき出しの欲望や本能を自己規制をすることにより生まれるものです。それは道徳的な価値観から判断される、人としての品格であるともいえます。

人は時としてバクチを打ってみたり、異性問題でトラブッてみたり、さまざまな人間としての業に苛まれる時もあるでしょう。決してそれを全面的に否定するものではありません。ただ、「英雄、色を好む」ということはあるにしても、その処し方によっては社長自らの品性を疑われるような生き方が、企業としての在り方そのまで影響を及ぼすものだという事実です。お金に汚いトップ、異性にスキャンダラスなトップの下では社員も必ず同じようなことをやっています。

成長率ナンバーワンといわれたある会社のトップはスキャンダラスな事件の主役との関係も深く、汗で仕事をすることをおざなりにして十年近く経ちました。その間に会社の規律は乱れ、業績もみるみるダウンし、今、躍起になって建て直しを図っていますがトップの品のなさ、意識の低さに社員の心も仲々、元には戻りません。この会社の絶頂期には、社員へのしつけの良さは、業界のモデルと言われたものです。これなどは、零細企業から成り上がったばかりに虚飾に満ちた世界にのめり込み、自分を見失った例です。

自分自身を律し制することはたやすいようで難しいものです。自分に都合の悪い情報には、いくら周囲が諫めてみても耳を貸そうとしません。ダメなこと、品性を疑われるということに気がつこうとしないのでしょう。

こうなる原因の第一は人の生い立ちにあり、家庭における健全さの有無に関わることも多いような気がします。

〝セルフコントロール〟、組織の長となるからには、この一見易しいことが日常生活の中でしっかりと出来ていることや、そのための努力が品性づくりそのものであろうと思われます。

こんなことを考えると、人間としての三歳、五歳頃における〝躾の時代〟、小学生時代における〝訓練の時代〟、その後今に至る迄の自らが求めての〝勉強と自己規制〟……と同じような経営者としてのステップを経ることは重要な過程でもあるのです。

## 4　人の身になる（人の立場になる）

これは他人に対する思いやりのことをいうのですが、表現を換えると他人に対する共感性であり包容力のことでもあろうと思われます。

「ビジネスをしているんだ」ということを確認した上で、人の身になってみることは、社内的に見ると、ビジネスを通じて社員に幸せになってもらうということでもあります。

たとえ厳しいことを口にし態度に出すことがあっても、相手に「幸せになってもらいたい」という心があれば気持ちは通じるものです。

京都西陣の呉服小売会社の社長は、息子さんに常々「社員には『ありがとう、ありがとう』を言って、お客様にも、織元さんにも『ありがとう』だけを言いなさい」と言っています。

又、商品づくり、店づくりにおいても、〝相手の身になって考えること〟がその基本にならなければならない筈です。

相手の身になるためには、自分自身の肌で、現場をわかっていなければなりません。自分も社員と同じことを体験してみなければなりません。お客様の立場になって考えてみなければなりません。「病気になって病人の気持ちがわかる」「社長になって専務との違いを実感する」…、とにかく自分がそうなってみなければ他人の立場も気持ちもわからないものです。

一見すると、冷たくてクールで淡い人間関係が世間の一般的な風潮になっているだけに、相手の立場になるということが人間対人間の輪づくりや、ネットワークづくりの基本であるように思います。

このことが日常的に訓練され、社長自身の体質にまで高められてこそ、「他人を許す」という包容力になるのです。

## 5 冷静さ

クールであるということは冷淡さを意味するものではありません。あくまでも冷静さなのです。

冷静に物事を判断するためには高い視点と広い視野から事象を見ることが必要です。

高い視点は経験と知識に根ざした見識力がなければ生まれてはきませんし、広い視野も又、幅広い人間関係、深みのある知力、常に求めようとする気持ちから創られていくものです。

社長として会社を統《たば》ねていくためには、意識的に自らを一段高いところに置き、冷静に現状を見て、行くべき彼方を見据えなければなりません。

あらゆる混乱を想定し、その中でいかに道を切り拓くべきかを考えるためには、時として考える場所を変えて考えたり、多くの人と接し、多くの場に出ること、たとえ趣味の世界であってもよい、とにかく異質の環境に身を置く工夫が必要です。渦中に在ると判断力を失います。方向を見誤ります。

この冷静さを保つ時の大前提は、これ又、社長としての物の見方、考え方の基本は、「ビジネスをしているんだ」という厳然たる事実を、当然のこととして考えの基本に置くことにある筈です。そうでないと他人の立場になりすぎて、大局を見誤ることが多々出てくるものです。沈着冷静さは社長に求められる重要な部分であり、それは、社長が社長らしくあるために果たすべき責任を確認するための心の準備でもあるのです。

冷静さを保つことは会社の調子の良い時程必要です。景況の悪い時はそれなりに更に悪い時のことを考えるものですが、生半可、良い時は浮き足立ってしまうものです。

又〝人〟を見る場合もそうです。社員の成績が良い時には多少の問題もかくれてしまうものです。

焦る気持ち、はやる気持ちを押さえて、落ち着き払って冷静であってこそ高度な経営判断も下せるものでしょう。

## 6　孤独に耐える

社長の仕事は厳しいものです。厳しさとは、社長としての仕事と責任の重みの違いでもありますが、社長自身が公私両面に亘るすべてを仕事にかけているという事実の重みからくるものです。社長としては口に出していいたくはないことですが、「誰が借り入れ金の保証判を押しているのか」ということです。

社長から見れば幹部の誰も彼もが頼りなげに見える時があります。しかし、考えても見て下さい。幹部との違いは能力の違いではなく、社長なら会社に全てをかけているという事実、そう、四六時中、遊んでいる時でさえ会社が、仕事が、気になる人間とそうでなくとも生きていける立場の人間との違いなのです。幹部が頼りなく見えても当り前なのです。幹部にその有能さを発揮してもらう基盤は、社長自身が自分の孤独さを当然の如く自然のありのままの姿として受け入れることから始まるのです。そうすれば幹部や社員をパートナーとしての見方で見ることが出来る大きな心になれる筈です。

社長が孤独に耐えることが出来ないと、ついつい、社員と共に〝慣れ合い、傷のナメ合いの甘い体質〟が会社の体質となりケジメとメリハリのきかないダラシない会社になってしまいます。そんな会社にしてしまって一番困るのは社長自身です。仲良しクラブで相手に勝てれば良いのですがそんなに甘くはないのがビジネスです。

厳しくあるべきところを、そうできずに、会社が上手く行かなくなった時、真っ先に逃げ出し社長の悪口を言うのは、甘言を口にし、腰を低くして社長に取り入っていた人たちです。

孤独に耐えるということは、ビジネスのためならば、厭がられようが避けられようが会社が上手く立ち行くために〝仕事第一〟の姿勢を貫き通すことです。「元を正せば裸じゃないか」「シベリア抑留の五年間が今の原点」「倒産から這い上がってきたあの時が」「駅のガード下で荒縄梱包した時のこの手が今を作ってくれた…」「この身体で覚えた仕事が」、といったことが孤独感を癒し自分自身を誉めてあげられる材料になります。

社長としての立場と責任を自らが確認し、社長の仕事に強烈な使命感を持つこと、そして、先へ先へと、思いをつのらすことです。

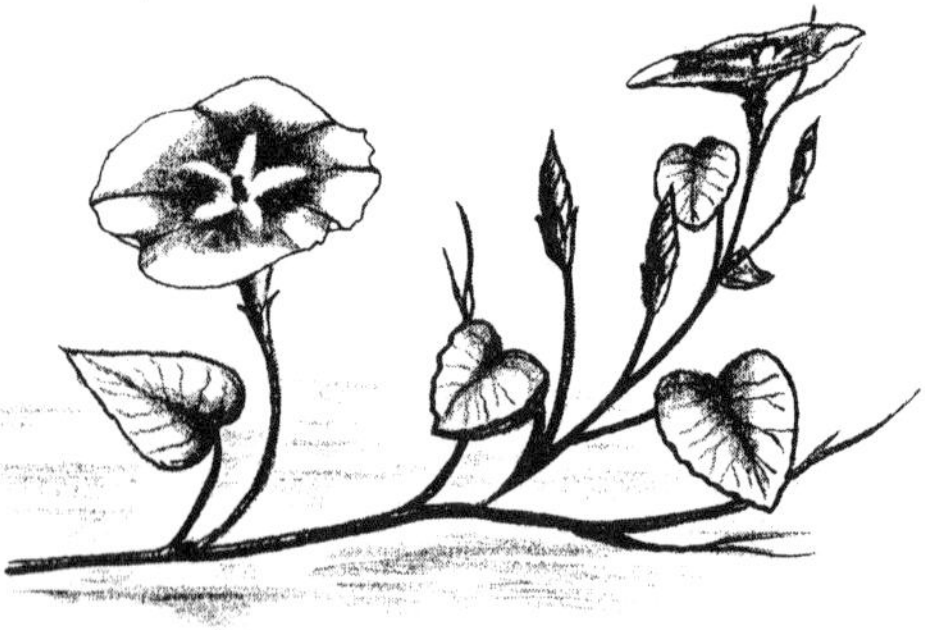

## 3　経営理念で全社一丸の絆づくり

形のことを言っているのではありません。心のこと、魂のことを言いたいのです。三チャン経営の〝意識〟を社長自身が持ちつづけることは、〝目視経営〟すなわち、目が行き届くマネジメントをするという意味で、極めて大切なことです。しかし、他人が入社し、その他人が十人、百人、五百人、千人と増えてくると、社員の心を一つにまとめるための何かが必要です。共通の目標づくりも必要でしょう。共に考える場も不可欠です。社員の一人ひとりが同じ目的を組織人として持ち、そのために行動を起こすための心の糧であり、行動基準としての支えが経営理念なのです。

経営理念は他社からの借りものであってはいけません。あくまで自分の会社、自分達のものでなくてはなりません。

会社はイコール、社長の考えと行動そのものです。自分の会社の構成員が他人の集まりになれば社長自らの事業観、仕事観を会社の心として、全社員が理解できなければなりません。

経営目的（利益実現、会社の継続、社員の幸せ実現）達成のために、中期経営計画で当面の目標をつくり、それを全うするための社長以下全社員の心の糧が経営理念ですから、社員にとって解りやすく、誇りのもてる〝糧〟でありたいものです。

A社では、経営理念を一言で集約して〝愛〟とします。とりとめのない位に、どうにでも拡大解釈の出来る言葉が〝愛〟なのですが、それをわかりやすい形で行動基準として示すことができなくては何の意味ももたなくなってしまいます。A社では、〈愛＝信頼〉であると解しています。〝愛するとは信頼すること〟ということになりますと、この関係は家庭、会社、社会における人間関係のすべてに通用することになります。信頼しあえるために必要なことは、私生活でも、仕事においても、信頼しあえるための行動をすること、行動は決して特別に難しいことではなくて、人として、社会人として当り前の基本をしっかりやり切ることだということになるのです。

社員同志も、お客様に対してもしっかり挨拶をしよう。整理整頓をしておこう…、こんなことはやるべきことの当り前のことなのです。社長以下、全社員が共通の考えで統一され、行動できれば、自然に強い絆が芽生えてきます。よい会社、強い組織は結果として優れた業績を上げますからその一員であることに強烈な誇りを持てます。会社が大きい、小さい、知名度があるや否よりも、このような強い心の支えがあるような会社であってこそプライドがもてるような社員をつくれるのです。

〃経営理念〃は社長の経営に対する考え方が基本です。少なくとも、次の点をポイントとして押さえたいものです。

①お客様に対する考え方、接し方
②お取引先（下請さんも含む）に対する考え方、在り方
③社員に対する会社としての考え方、遇し方、
その上で
④価値ある商品づくり、サービス創りに徹し、
⑤経営目的（利益・継続・幸せづくり）を全うする。

この点が明確であればそれをもって、社会における存在価値は十分なわけですから、実

感の伴わない、字面だけの〝社会への貢献〟という言葉が経営理念に掲げてあっても、空虚なだけです。

経営理念は会社経営の全ての原点です。だから社員教育を例にとってみても、「教育に費用をかける」というだけでは絶対にダメです。あくまで教育は〝全社意思統一〟をすることから始まるわけですから、意思統一のベースである〝経営理念〟を省いては、何も始まらないのです。

当然のことながらモノづくりも、サービス創りも、日常の社員の一挙手一投足に至る基本も、価値判断基準も〝経営理念〟で明らかにされた〝会社の心〟によってすべてが始まるということになります。

C・Iによって、専門家による社名変更、統一ロゴづくり、色の統一、果ては包装紙の変更で何千万、何億のお金を投ずることの効果や価値は、何よりも社長自身がしっかりした考えを持ち、自らの言葉で語るべき経営の心が基本なのです。

## 4　社風づくりは基本、基本の反復連打

社風づくりは一朝一夕にはいきません。十年、二十年という時間をかけてこそのものなのですが、今日一日、今のこの瞬間にも社風はつくられ、受け継がれていくものです。「何となくこの会社は他社と違う」と思い、感ずることが少なくありません。その感じ方は一人の社員のお客様への対応の仕方、電話の応対のやり方、挨拶のありかた等、こと細かに言えば、切りのないぐらい日常的なことから発するものであり、日常性とは文字通り、普段着のままのあり方を意味しますから、ごまかしようのない部分、取り繕い切れないところです。

会社は社会と遊離しては存在し得ません。法人として、社会の一員となって存在するわけですから、社会の一員としての会社も個人も当り前のことが出来なければならないのです。

この当り前のことを〝基本〟と呼びます。社会人としての基本は人間関係から、始まり

ます。誰が見ても聞いても「当たり前のことだ」と納得ができることをやり切ることが、安心感のもてる社風なのです。

社風の基本に流れるものは経営理念に在ります。経営理念が、日常のビジネスの中で具現化され、そこからかもし出されるものが社風となります。会社の雰囲気であり、ニオイ・・・であり、それが又、文化といえるものにまで昇華するのです。

文化は英語でカルチャーといいます。それはカルチベイト、〝耕す〟という意味に通じます。〝耕す〟、そうです、日々飽くことなく黙々と過ごす一日一日の中で、何の疑問も抱くことなく続けていることが〝文化〟づくりということになります。

〝生活〟そのものに深く根ざした歴史と伝統によって培われたものが文化ですから、自分達の日常生活から逸脱したり、現実に実行できないことをいくら声高く唱えてもダメです。企業文化は社風に通じているのです。音楽のイベント開催や絵に投資することを企業文化という名の下に宣伝している会社もありますが、そんな体裁だけの、見栄だけの、節税狙いの薄っぺらいものであってはなりません。経営目的に合わせ、縁あって集い、関係する人々が幸せになるための企業づくり、イコール社風づくりは、もっともっと地に足のついたものでなければなりません。
社風づくりのポイントは、
①理念がしっかりしていて、会社としてのめざすべき方向が明確である。
②社長自らが〝人として〟不可欠な日常の基本動作を実践している。
③少なく共、社長の周りにいる幹部とは、徹底的に行動を通じて社長の考え方を理解しあう。賽の河原の石積みの如く、繰り返し、繰り返し、反復連打する。
④ビジネスの基本、マネジメントの基本、いわば当り前のことを社員に教えこみ、実践に関しては妥協のない姿勢を貫く。
⑤日頃から社長、幹部が、そして社員同志が、出来ていないことを確認しあうことのできる風通しの良いコミュニケーションのパイプをつくっておく。
⑥社員の教育研修や会議の場では、日々の繰り返しが習慣となり、体質になっていくような内容の運営の仕方をする。
売上はあっても回収が出来ない。訪問する会社の数が少ない。計画はあっても二ヶ月目

で挫折する。組織間のパイプに目つまりがある。……等々の問題のすべてがリズムある活動となっていくためには、とにかく決めたことを当り前のように、基本に忠実になってやり続けることです。今日の一日が明日につながる社風づくりになります。

## 5　社長の〝脱皮〟が会社の〝躍進〟

社長が起業した時の動機は各人各様です。ある人は「金もうけがしたい。」「自分の自由になる会社を興したい。」又、ある人は「一人では何もできないから他人と一緒に商いを大きくしたい。」……等々いろいろです。

社員規模が三百人、五百人、一千人と大きくなってきますと、そんなこともないのですが、二百人前後から五十人前後の会社になりますと幹部社員からよく聞く言葉は、「社長もそろそろ変身してくれないとやり難くて仕方がありません」ということです。

社員規模が何千人になろうが、売上規模が一千億を越えようが、活力ある企業には、必ずエネルギッシュで迫力ある社長の存在があります。このような社長は自分が創業した時の思いや、先代から引き継いだ際の、あの燃えるような心意気がずーっと続いているのです。一人で会社を見られた時と、自分一人ではどうしようもなくなって他人の力を借りなければやっていけなくなり、結果として組織が大きくなってきた時と、マネジメントのやり方は当然違ってきます。

トップの心はどんなことがあっても、「私が求心力であり、核であり、中心である」ということを大前提にすることは不可欠な重要点です。このことを確認した上で社長の考えとやり方を、自ずから現状からの脱皮を表現するためには思い切って自分を変えようとしなければならなくなります。これを社長の〝脱皮〟と言います。

〝脱皮〟をすることは従来からの社長である自分自身のやり方を否定することではありません。しかし、自分が経営のすべてに直接タッチして手を下していたわけですから、やり方を少しでも変えることには大きな勇気が要ります。

規模拡大等の理由により、まかさざるを得ない状況の中でまかしていくことが一番自然ですが、小規模と言えども、意識して社長の補佐ができる人材、後継人材をつくるべく努力をすることは企業そのものの質、量共に成長するための基盤になるものです。

業績の悪い時もそうです。社長自身が変われば会社そのものも確実に変わっていきます。規模や内容に関係なく、社長の考え方や在り方の影響を百％受けて会社は存在します。

その気になれば、自分のことだから変われるはずです。変われるポイントは

①保守的にならず、更に前へ進む気概をもつ。これは気迫の問題です。

②会社としての明確なビジョンを描き出す。

③ビジョンの中で会社の体質・体制を改善する項目を明らかにする。

④要改善項目に優先順位をつけ、今すぐ手をつけるべきことを先送りにしない。

⑤結果として数値に表れる売上げ、利益を絶対に上げられるような手を打ち、体制を組む。

言葉にすればこれだけのことなのですが、いくらアドバルーンを打ち上げても、現実をしっかり見つめて、業績を確実に上げることが前提ですからそう易くはありません。

今、この時点で、部門によっては、委せることのできる人材が存在していることがキーポイントです。委せることのできる人材は社長自身がその気になれば出てくるものです。今に至る過程で、社長が事業展開に前向きであり、その事業が上手くいきつつあるということは人材が出てきているということになります。

又、外部の専門職や機関によって当面の不足部分、たとえば委託開発、委託教育、委託労務……等でカバー出来るものもあります。

要するに、社長自身が「変わろうとするか否か」が問題です。出来ない理由などいくらでもありますから。

元銀行員のO社長は、55才で退職し創業。二年後の今、事業所得6千万を越える会社にしました。量販店向けの自転車製造会社で、背広姿を作業服に変えて、大阪・堺市で大奮闘してます。

私など、工場を拝見しながら、感激で身震いしたものです。

## 6　自分だけの、自社だけの目標づくり

業績のよい会社の真似をしてダメになった会社をいくつも知っています。新規事業展開をするために他社のやっていることを参考にするのはまだ許せます。これとて他社の成功事例紹介セミナーで儲けているセミナー会社に乗せられてる人を見るとその不見識さに呆れることもありますが…。

しかし、経営のやり方から方針、方向づけまで、成功している会社の真似をしているのを見ると、この社長は一体何を考えているのかと思ってしまいます。

成功している会社は昨日、今日の話ではなく何年、何十年と時間、費用、人を費やし、何度も何度も失敗を繰り返し、挫折を味わい、辛酸をなめつくして、今にたどりついているのです。表面だけを見て、真似をしても、すぐに上手くいくはずがありません。

順調にいっている時は、他社の真似をしていてもそれなりに上手く動いていきます。問題は売上・利益の壁に突きあたり、又、開発・研究の壁にブチ当たった時の対応の仕方で

す。自分自身が壁を経験したことのない人はその瞬間に右往左往してしまいます。

ある会社は経営理念から商品づくりのコンセプトまでそっくり、超優良会社のイミテーションで飾りたて、形を整えました。その超優良会社から幹部人材をスカウトした訳ですから当然といえば当然でしょう。

例えば、単なる〝商品づくりに〟見えていても、そのためのコンセプトから販売に至るすべてのプロセスは、実は、社長のポリシーや発想が原点になっているのです。

人真似は所詮ニセモノです。時にはニセモノがホンモノをしのぐ時もありますが、その時はすでに真似ではなく、独自のオリジナル発想がホンモノを上回っているものです。

オリジナル発想の原点は先ず社長個人の〝個〟を確立することにあります。〝個〟の確立とは難しい表現のようですが、簡単に言えば、自分の考えを自分の言葉でしっかりもつということです。

社長が、よく外部のセミナーを受けて、会社へ帰ってくると、直ぐに聞いてきたことを実行しようとする場合があります。自分の考えにあったやり方があって、その上で、補完するために他人や他社を参考にするのは多いにやっていただきたいことです。

しかし、あくまで自分なりの、自社なりの考えや、やり方にこだわってほしいのです。こだわりのないことには、思い入れができません。思い入れのないことは続きません。続かないことは決して上手くいくことはないのです。

この項で例に挙げた会社は結局、五年連続の赤字続きで二百五十人の社員の内、二百人の退社によって、金融機関の手になる外科手術をしました。勿論社長自身は、自宅も処分しての退陣です。実質的な倒産でした。

怠けること、努力しないこと、汗をかこうとしないことの報いは大きいのです。

反対に、一生懸命に考えて、やってみて、苦しんだ後にわがものと出来た成果を目の前にした時の喜びは、当人にしかわからない至福の喜びであり、社員の一人ひとりが手を握りあって感激を共にできるものです。

## 7 後継者体制づくりは社長の責任

社長はすでに八十一才です。長男五十才、二男四十五才、三男四十才で各々副社長、専務、常務の立場で仕事をしており、責任の分担も出来ています。親子で経営陣を形成している典型的な同族経営に見えるのですが、株式の40％しか社長は保有していません。あとの60％は、創業時に参加した当時の社長の友人四人が持っています。この四人の元友人はすでに他界し、代替りをしています。

副社長である長男の悩みは、次期社長であるべき自分と弟達に全く株式のないことです。息子である自分達から父親である社長に言いたいことは「早く、社長の株式を譲渡してほしい。元社長の友人が持っていた60％の株式を入手するべく手を打って欲しい」ということです。

親子であるからこそ、仲々、言い出せないのが相続の件であり、経営権のことです。特にこのケースでは、他人の四人が持っている60％の株式のことです。社長は「俺の友人の息子達だから無理なことを言う筈がない。大丈夫」と言うのですが、そうは簡単にいきません。まして元創業者四人の代替りした後は、係累も増えて、ややこしくなるばかりであることは容易に予測のつくことです。後継者に上手く引き継げるか否か、後継者が経営に専念できるか否かは、今の社長の仕事であり、責任です。

東京の年商百六十億、金属加工会社の社長は先代の残したモメごと（相続問題）により、兄弟間の争いでエネルギーをつかい果たし、そのトラブルが解決したことで安心してしまいました。その後十年近く経営に身が入らず、年四十八才にして、やっと経営に本腰が入り始めています。

それぐらい相続や経営権をめぐる争いはエネルギーを費やすということです。これも又、人生勉強、経営者修業の一つかも知れませんが、考えようによっては全く無駄なエネルギーであることの方が大きいのです。

D社長は息子一人娘三人。娘三人には、社長個人の全資産を四等分し、息子である専務には今年で十年目になる計画的株式譲渡により、会社そのものの経営権に一つの支障もない形で資産分けをしています。専務の個人資産は今のところ自宅だけですが会社経営のための根拠となる所有権についての不安は毛頭ありません。

この場合は十一年前に社長が六十才の時、私の方から助言して今に至ったわけですが、何よりも社長自身が後々に禍根を残さないようにと、何から手をつけるべきかを明確に理解できたことです。

一般的には社長がまだまだ若い時であればある程、次代のことを考えて手を打ってくれやすいもので、高齢化すると反対に周囲からは言い出し難く、本人も抵抗があるようです。(一見すると、反対のように思うのですが)

事業の継承問題、特に相続に関しては、社長が六十才代に、社長の信頼する外部ブレーン(コンサルタント、税理士、弁護士、友人)が仲介する形でアドバイスすることが良いようです。社長夫人の場合は私情が入り、会社として必要な〝事業継承者〟という判断を外れて感情だけで考えるケースも多く、このようにならないような社長自身の準備と判断力が肝心です。

後継者体制づくりのポイントは、
①〝経営〟のためには誰が適任かを見極める。

②結果として、他人であっても仕方はないが、肉親であっても長男、次男の関係なく、適任者を選ぶことに徹する。（但し、長男を本流から外す場合は本人も世間も納得する他の何かを〝まかせる部分〟として用意しておかなければなりません）
③次期社長として外れた人にはその旨の理由を伝えておき、次期社長には、オーナーとしての発言力があり、経営権の行使ができるような株式の所有関係をつくっておく。後継者の体制づくりができる権力者は唯一、社長だけです。それだけに次代への体制づくり、人材づくりは、会社の命運を決する重要なものとして、社長には大きな責任があります。

## 8　起業型社長は社員のモデル

社員にとって、自分の会社の社長に誇りが持てない時は辛いものです。社長は、会社においては最高権力者です。社長は会社における法律であり、裁判官であり為政者なのです。だから何をどう処しようが、何をやろうが、正面から意見し、反対し、諫言する人は無いといってもよいでしょう。

金太郎飴型の会社、どこを切っても同じ顔が出てくる金太郎飴のように、社長の言うことと一社員の言うことが全く同じか、よく似ているケースも少なくありません。こういった例は、大体社員が自分の在り方のモデルとして、社長を頂《いただ》くことが多いものです。「親を見れば子がわかる」、「子供を見れば親が知れる」。と同様に社長と社員の関係も同じです。社員は社長の鏡です、写しです。

レベルの高い社長にはレベルを高く求めようとする社員が生まれ、育つものです。権力で肩をそびやかす社長の下にいる幹部は社長と同じように、自分の部下に接するでしょう。先に述べた〝理想の社長、六つの能力〟は社員にも又、求めたい項目でもあるわけです。

ある社長は真昼間からゴルフ練習場に一日を空けず出かけています。だからこの会社のネームの入った営業車が喫茶店、パチンコ店駐車場の奥によく見られます。当たり前のことです。こんな社長のこんな会社に、有能な人材が育つはずはありません。社長が会社をよくしようと思わずに会社がよくなることなどありません。

五年、十年後の自社の在り方を構想し、社長自身の在り方と会社の方向を、より自らの理想と思う方向にどう誘導するか、会社は環境にどう適応するか、出来るか、ということが重要なテーマであることに異論はありませんが、より大切なことは、経営者としての資質と、抱くビジョンの有無です。環境がどうであれ社長自身に〝ビジネス大事〟の価値観が確立されておれば自分の考えや行動のあり方は、自ら基本動作に忠実で、やることも日々変化する環境に対応できている筈です。

社長自身が、高い理想に燃えて、個性豊かな、そしてお客様（社会）に認められ、更に大きな存在感のある会社にしていこうとすれば、一つひとつの仕事に確かな手ごたえを覚える社員が育ってくるものです。

これが本来的な〝企業文化〟をつくっていくのです。音楽会や展覧会を主催することではなく、一日一日のビジネス、一人ひとりの社員の動きそのものが企業の文化をつくっているのですから、「ウチの社長のようになりたい」と思える身近な理想の社長であってほしいものです。こんな社長が会社の求心力なのです。

社員のモデルになる社長

①自分の考えや、価値観が確立されている。
②社長自身の夢・ロマンが現状のエネルギッシュな姿から予想がつく。（口先だけではない）
③考え方と行動にメリハリとリズムがある。
④〝現場〟と〝実践〟を大切に思っている。
⑤自ら社員の目線に合わして話をする。
⑥済んだことやイヤな過去にぐじぐじしないで、常に前向きの決断力と行動力がある。

⑦部下に関心を持って接し、いつも本音で話す。
⑧他人に〝求める〟ことは自分もやり切っている。

## 9　悩む時はトコトン悩み、あとは決断

「いや、もうY部長のことで、夜も眠れないぐらいです」と、社長からグチられる時があります。実際そうなのでしょうが、夜の九時に電話をかけると「今日はもう寝てしまい、グッスリです」との奥さんの話です。思わず「大した社長だなあ」と感嘆してしまいます。皆が皆、こんなわけにはいきませんが、この社長の思い切りがよいのと、価値判断基準がしっかりしていることと、切り換えの速さには驚いてしまいます。

ある悩みごとがあります。悩みごとの原因を先ず考えてみます。次にどうすればよいのかといった対策が二つ、三つと羅列する形で出てきます。対策の二つには当然各々のメリット、デメリットがあります。ここで悩んでしまいますが、腕をくんでいても解決はしません。

どちらを選ぶか、この選ぶことが決断力となります。

選ぶ時は、二つを比べてみます。アレやコレやと思い悩みます。色々な結果を想定して

みます。そして、比較してみた結果が一％でも総合的にみて片方の方にメリットがあると判断すれば断固、決然と判断すべきです。

例えば、部門別の損益を明らかにするシステムを導入し、成果配分をやろうとする時があります。業績のよい部門とそうでない部門がある時、全体として考えれば、各々、そのメリット、デメリットがあります。

メリットは「やったものがやっただけ報われる。業績を更に伸ばす余地が明らかになる。出来る人間を更に育てることができる。組織に活力と刺激を与えることができる。…」、デメリットは「部門意識が強くなりすぎて、セクト主義がはびこる。部門間人事交流が難しくなる。全体的にものを見ることが出来なくなる。商品、エリアの違いから、不公平さが出てくる。」…等々です。システムの導入可否を判断する時、内部競争原理を活かすため成果配分のメリットが有効だと考えるに至れば、デメリットには敢えて目をつむり、そのための弊害を覚悟の上で実施すべきです。

社長自身が考え抜き、悩み抜くことなく見かけだけのメリットだけに目を奪われて、安易に決断してしまうと、社員にとっては迷惑千万な後遺症を残して失敗すること必定です。その結果、社長や、会社に対する不信感が必ず以前よりも増幅されるものです。

社員の処遇についてもそうです。過去における貢献度の大きな幹部に対しては、何か問題を起こした時、その対応には頭を悩まします。夜も眠れない日が続きます。

この場合も同様に敢然と勇気をもって判断するべきなのですが、その基準は、社長が個人的な感情で判断するのではなく組織の長として、「会社のため、全社員のためにどう処すべきか」が唯一の判断基準です。実はここが勝負どころなのです。

自分の〝情〟を先行してしまいますと必ず判断を誤ります。一瞬の躊躇が禍根を残し、後悔することも多いことから、社長としての判断基準を日頃から当然の如く、自分の体質として持ち合わすべく姿勢と冷静さが不可欠です。社長の立場と責任がしっかり確認できるための訓練は、経営者としての一日一日にあります。

決断とはあることをある日突然求められるものではありません。決断するための問題点、課題は日頃から現場をよく理解することにより、常に整理し、感覚を磨いておけば別に慌てることもありません。

もちろん、悩みに悩むことは重要ですし、この過程も大切なのですが、何れを選ぶかの決断を迫られる時には自らの考えと自らの言葉でやるしかないのです。

それが社長の仕事なのです。「会社のため、皆のために」という大義もなく、使命感を持てない人は意思決定権者ではありません。

## 10　厭なこと、済んだことは忘れる努力、気持ちを前へ

人を信用して登用しなければ「まかす」ことはできません。人がヤル気になるのは本来社長のすべきことや、上司のすべきことを、少しずつ少しずつまかされていく時です。まかされた本人はその当座、嬉しいものです。まかされ、期待されている分「頑張って、社長の期待に応えよう」と思います。

経営者の原点は三チャン経営に在りますから、すべてリスクを負うべき社長の経営権の一部を自分が持つという喜びは、他人に使われた経験のない人には理解できません。

このあたりは社長として、人を〝性善説〟で見ることがポイントです。ところが、そうもいかないのです。任された時は感激にうち震え、社長にも会社にも忠誠を誓ったはずの人が、仕事と立場に慣れるに従い、自分を見失っていくことがあるのです。

「これぐらい」、「あんなことぐらい許されるはずだ」との思いが、従来はもっていた当り前の自制心を失わせていきます。こんな時〝事故〟が起きます。こんな時の委かした方の

社長の腹立たしさと、言いようのない淋しさ、持っていきようのない情けなさは、まさに社長としての孤独感そのものです。そんな時は、「人は性悪として見るべきなのか」とつい、思ってしまうものです。

しかし、考えてみれば、人に自分の下で仕事をして貰おうと決めたその瞬間から、信用したその時から、その反対のことが起きることも想定しておかなければならないことかも知れませんし、そうあることを覚悟することも社長の仕事なのかも知れません。たまらないことです。

済んだことを悔やんでいても今日は始まりません。「朝のこない夜はない」とも言いますし、自分の心の中で、〝割り切り〟を持つしかないのです。「仕事が上手くはかどらない」とか、「工程をトラブッた」ということならまだしも、人間の問題だけは本当に疲れるものです。

ある会社で経理部長が個人的な株式投資の失敗を取戻すために社印と社長から預かっていた代表者印を用いて、億を越える負債をかかえてしまいました。大手証券会社の営業マンがよく出入するので、社長自身、多少は感じていました。僅か半年の間のことで、ついつい見過ごしてしまっていたのです。

経理部長の個人的な借金のために会社の資金を流用し、結果として背任横領の犯罪人をつくることになってしまったのです。返っては来ない数億の金、そして見逃していた自分の甘さに情けない思いの社長は一言話しました。「私が悪いんです。人を見る目のなかったことも、チェックを出来なかったことも。だから誰にも言いません。もう今夜からはグッスリ眠ります。忘れてしまいます。今日を限りに。そう努力をします。」

中小企業で数億の資金が消えることは大変なことです。無借金経営だから持ちこたえることが出来ますが、人に対する不信感がこの社長に根づかないことを願ったものです。

この社長はまさに裸一貫からの立志伝中の方ですから「私が悪かった」の一言で、すべてのモヤモヤをふり払おうとされたことにある種の救いを感じました。夜、みた夢は、キレイに忘れて、朝の陽が上がれば今日のことに全力を上げて取り組む前向きの姿勢が社長自身を救うのかと思ったものです。

## 11　健康とモラルで自己管理をする

「見ていても言えない、言いたくても切り出せない」のが社長に対する社員や周囲の人の立場です。だから、社長に意見をしたり、こんなことをしてもらっては困ると思うことを直言、諫言する勇気は自分の首をかけなければ出来ないことです。

又、社長が社員にナメられて、ビシビシとモノを言う幹部なり、社員ばかりだと、事の是非を問わず組織にガタが来ますから、これは又、困ったことになります。何れにしても、普通は社員が社長に対して意見ができないものです。

だから、社長業とは自己管理業であると言えます。自己管理とは自分が自分の在り方を律し、コントロールすることです。接待交際費をいくら使おうが、仕事中にどこへ出掛けようが、見え見えの公私混同をしようが誰も何も言いません。極端な話が、中堅規模になろうとする会社で、社長の家計と会社の会計を混同して、情けない話ですが、社員のタレこみによってやっと税務署の力で、少しは会社らしくなった会社もあります。

会社のカタログ、事業案内づくりのために、広告代理店の仕事に便乗してアフリカへ愛人と豪遊する社長もありました。社員規模三百人のこの会社は倒産しました。

レストランを経営するZ社長は毎日毎日、レストランで用いる新鮮な食材を家へ持ち帰り、電気料の僅かな金額も含めて、会社の経費で落とし、これも又大手電鉄系の外食チェーンに吸収されてしまっています。

会社の寮の名目で豪華な自宅に住まい一部上場した創業者社長もいます。これなど合法的節税だとするのかもしれませんが、企業のトップとして、完全に会社を私物化し、会社を自分だけの便宜で経営する貧しい心の持ち主だと言わざるを得ません。ある会社で、ショールーム建築の折、建築会社から社長に五十万円の背広仕立券、窓口担当部長に三十万円の仕立券が送られてきました。案の定その会社で別件の億単位の背任横領者が出たのです。

社長自信は、自分と一部の者しか知らないと思っているのかも知れませんが、皆知っているのです。「知られて何が悪い、俺の会社だ!」と思うのはその人の勝手ですが、些細な金額で自分と自分の家族の生活を根こそぎ壊してしまった人は数多いのです。このような例は、必ず我々の身近で二つや三つすぐに思い浮かぶはずです。レストランで食事をしていて、家族連れの紳士と一緒の、その奥さんと覚しき人が、レジの前で指定した会社名で領収書を受け取っているのを見ると、「大したことないな、この人達も」と思ってしまいます。

人間の心は卑しいものです。取れば取ったでまだ欲しい。奪えば奪ったでその上にまだ奪いたい。欲望は際限なく浅ましくも見苦しいものです。こういったことが普通になると自己規制するべく潔い気持ちがだんだん麻痺してきます。麻痺すれば何の罪の意識もなくなります。どんどんとその世界にのめりこんでいきます。

社長自身が他でもない、会社を食いものにしている人物そのものなのです。やるなら解らないようにするだけの後ろめたさを持つべきです。

又、創業者オーナーなら許せる範囲のことも、他の人なら許されないということもあります。

理性で自分を律することが経営者としての健康度を表します。

又、肉体と精神面の健康も社長の判断力に大いに影響を及ぼします。体をこわしますと積極的で前向きな発想は出てこないし、又、その気にもなりません。手術した人なら少しは経験することですが、手術台に乗った時には「どうでもいいや」といったある種の諦観のようなものが一瞬、頭をかすめます。これと、同じような考えが常態化するとそれはもう、負けです。

精神も肉体も節制が大切。社長としてのモラルを保ち、品位を持ちつづけるために自己規制することが社員の心をつかみ、全社を心の絆で一体化するための条件です。

## 12　六分の勇気と四分のビビリが安全走行

ある会社で本社社屋を建設しました。無借金会社で財務内容は抜群です。同業者からも羨ましがられる商品力を持つ開発型メーカーです。

三年後の社長の話、「あの時、せめてもう五、六階は高い建物にしておけばよかったのに」と後悔していますが、これは極めて健全な後悔です。「あの時は、建設資材も工賃も安く出来たのですが、三階建の旧ビルから移るための投資金額が当時の年間売上の二十％近くもあり、景気の先行不安とも相俟って、堅め堅めの投資だったのです」。そして、この景況の時期に、バブル景気と言われた時の建築費用の六十％で別に又、第2本社ビルを建てています。

経営はバクチではありません。当然ビジネスにリスクはつきものでしょうが、どこかでヘッジする部分をつくっておかなければなりません。

何かを得ようとする時は、そのために何かを失うのは仕方ないことです。失わなければ得られないものもあります。

しかし、すべてを失うのは愚か者の最たるところです。そうかと言って恐がっていては何も出来ません。経営はバランスですから、リズムがとれていれば左へ揺れても又、直ぐに右の方に復元します。小さな船に乗っていますと、エンジンの始動する時は左へ右へと大きく傾きますが、エンジンの回転が速くなり、前へ進む時にはすっかり安定した動きでスムースになってきます。

経営はバランスだとは言いますが、バランスばかりを考えていてはリスキーな経営をしようとするムードは醸成されません。他に一歩先んじようとすることも人真似ではない自分独自のやり方にこだわるのもすべてリスクなのです。リスクを恐れていては会社の活性化は図れません。しかし、経営ですから、二の手、三の手を予め考え、用意しておくべきです。

「会社の命運を決する」という表現はあまり使うべきではありません。「イチかバチか」では困るのです。全勝か全敗か、一人勝ちか一人負けかの選択をすべきではありません。本社ビルを造ってから直後に倒産する例もありますが、その時の判断の中に〝経営上の判断より見栄・体裁〃の部分が大きかったということでしょう。

リスクをおかす時は、そのことによって、復元する力があるか無いか、又、策があるか否かを常に考えておかなければなりません。復元力があれば、あとは決断、断行する勇気です。裏付けがあって決断すべきを出来ない人は社長ではありません。

社長の仕事の第一は、意思決定、決断なのです。そのために日頃の社長としての仕事があるわけですから準備怠りのない経営者としての在り方は、まさに〃真剣〃さが求められて当り前です。事が起きてからでは、オタオタしているような時間はありません。

## 13　一事の徹底、現実重視が戦略目標達成への基盤

「戦略、戦略」と声高に唱える必要はありません。

中期経営計画を策定して、それだけで、さも計画が達成したような気になる社長もいます。その中期経営計画所書の中では例によって∧市場・商品・販売システム・開発体制・管理体制・組織体制∨と言った項目を戦略目標に合わせて、堂々たる文章により、つづられています。

この中期経営計画書の出来たころには、社員にとっては、バラ色で夢一ぱいの明日が広がっています。社員の給料レベルまでもが想定されているのですから嬉しくない筈がありません。

しかし、中期経営計画の第一年度も三ヶ月目を過ぎるあたりから「このままでは少し、第一年度の目標到達は難しいかな」。半年過ぎると「これはもう挽回不可能だ」の諦めに変わります。第一年度目がダメになれば、失望と挫折感が全社をおおい、明るく開けて明日

を夢みた中期経営計画の色あせた、重くも厚い冊子を見るともう今は、腹立ちさえ覚え、誰も二度と開こうとしなくなる。こんな光景はどこにでもあります。

中・長期経営計画に基づく〝戦略の成功〟が証明されるのは、現実を直視した上での〝戦術・戦斗〟レベルでうまくいってこそのものなのです。〝現実〟を無視しての、戦略、中期経営計画など、単なる言葉の遊びであり、そのためにかける時間と費用は、現実逃避のための無駄なコストです。

好景気時には何もかもが上手く運んでいるように見えるものです。しかし、いったん不況で市場が冷え込んでくると、地に足の着いた、着実な経営体質の会社と、上滑りで格好ばかりの会社との差は歴然としてきます。

好況時に的のしぼり切れない事業を展開していた会社でも、全体がトータルとして数字を上げていますと、個々の問題点に気がつきません。まあ気がついていても直そうとしないといった方がよいのかもしれません。

これが不況時に、まともにこたえてきます。不況時には必ずといってもいいぐらい「基本に帰れ、原点に戻れ、汗をかけ」の号令が一斉に聞こえてきます。ということは好景気の時には、〝基本に不忠実で、原点を忘れ、汗をかいていなかった〟ことを証明しているのです。そんな会社ほど不況時には、「他社も、世間の会社も全部、わが社同様ダメなのだ」「何をしてもダメな時はダメだ」といって逃げるか、手を打つ術を知らずに右往左往するかのどちらかです。

やるべきことは簡単です。組織の中で、すなわち直接外部とのビジネスに関わり、金を稼いでいる第一線の現場を大切にすることです。その上でやるべき事柄のポイントを絞り、一点集中突破を図るのです。

一点集中突破ということを、具体的に例えて言えば、営業マンには「売上高目標と粗利率二十五％を守れ」というだけの指示です。訪問先も、通常月二回のところ四回訪問する。そのためには朝十時に営業活動を始めていたのを九時に早める…ということも必要でしょう。

業績は上げようと思って、上がるものではありません。するべきことさえしっかりやっておれば、その結果として業績がついてくるものであることをベテランほど実感しているものです。

いったん決めたら「馬鹿か」と思われるぐらい、とことん食らいついてやり抜くことです。マラソンと同じです。自分が苦しいときは、競争相手も同じ思いをしているものですから。

業績が上がり、しっかりした経営ができていることを実感できるようになってくれば、この時こそ、過去に想定した中期経営計画における戦略の成功だといえるのです。机の上だけでビジネスゲームのように戦略を立案してもダメです。汗と涙を、そして時には血を流してでも現実を直視し、現状を打破しなければ明るい明日が見えてくることはありません。

## 14 小成から大成への挑戦

五十才の社長が訴えるような目付きで言いました。「今迄、父親の創った会社を引き継いで十五年間というもの、為すこと無く時を過ごした気がします。社員六十名の小さな会社ですが一人ひとりがそれなりに頑張ってきてくれたと感謝しています。しかし、私自身は一体何をしてきたのでしょう。ヨソ見をして、脇道をそれてきた過去の自分から卒業します。この十年間で私が社長として歩いてきたことの証しをつくりたいのです」。

今迄、「この社長は芯のない人だなぁ」と思っていただけに突然の言葉に驚いたものです。飲み屋へ行けば誰もが「社長」か「先生」です。「社長」と呼ばれて喜んで、自己満足しているようではダメです。

一寸した成功者が大成への志をもつか否かで、第一ステップにおける勝負がつきます。初めに苦労すればする程「ホッ」とするその瞬間が危ないものです。

油断と驕りで自分を見失い、小成に甘んじるか、更に人間として、社長としての挑戦への道を歩もうとするのか、の違いは大きいもの。酒か女かバクチか見栄か、煩悩のかたまりである〝人として本能〟の誘惑に負けてしまうのです。〝晩節を汚す〟ということもありますが、晩年に至らずとも、その人の価値観や、自らに求めるものの大きさ、深さ、巾によってその人の将来が決まってしまいます。

社長一人の会社ならどうにでもして下さい。たとえ一人でも、他人が社員としているなら、ましてや五十人、二百人、三百人、……千五百人以上もの社員を抱えた会社の社長なら、本能むき出しの、正直な生き方では困ります。〝会社〟という同じ船に乗った者同志が、社長一人のために、泥船にされてはたまりません。

社長たる人の信条には「気迫、情熱、挑戦」の類のものがなければなりません。会社の成長・充実は、イコール社長自身の器の大きく、度量の深さ、求めるもののレベルの高さ、大きさによって決められてしまいます。

年商三百億を越えた住宅設計・施工会社の社長は、「三人の部長がいて、その各々が競いあってきたからここまで来れました。これまで以上に信義を重んじ、信頼の絆を日々、確認しながらも、更に積極的な事業展開をしていきたいものです。」と言います。社長がその気になれば周囲にいる人は、必死になってついてきてくれます。又ついてきてくれるパートナーとして信用のできる人をつくっていくことが社長の仕事であるはず。

ただし、こんなことも言えるのです。「社長の限界を超えた会社の成長、規模の拡大は必ずしも社長と社員にとって幸せではない」ということです。

私の知る社長は三十人規模の金属加工会社を経営していましたが、今は自分とたった一人の社員で工場をキリモリしています。人をマネジメントする能力はありませんが、自分で体を動かし、設計図を描き、機械を操作することが大好きなのです。親会社の顔を伺わず、新規受注先を探す必要もなく、そして土曜も日曜もなく、好きなだけ働くことのできる自分だけの会社。これも又一つの生き方、やり方です。

しかし、通常、会社をある一定の規模に迄してしまうと、経営上の事故でもない限り、縮小することはできません。何よりも社員がいるという現実は彼らに励みをつくり、与えなければならないという宿命でもあるのです。この宿命を甘受するためにも、会社の更なる成長・質的向上を果たすための目標を掲げなければなりません。この道が社長としての大成への一本道なのです。

## 15　身近でわかりやすいライバルをもつ

ここでいうライバルとは身近な当面の目標となる会社のことであり、競争する相手を言います。

会社の規模、内容、そして経営のやり方のすべてにおいて競争相手を想定し、わが社の生き残りと成長のエネルギーにすることは自分達を励ますために一番わかりやすく、やりやすい方法です。何も同業界、同業種である必要はありません。同業者ですと、ライバル視している会社が打っている手とその根拠になる戦略的意図は手にとるようにわかりますが、同業であるがためにライバルのやることがついつい気になりすぎて、自分を見失ってしまう可能性もあります。だから細かいことまで気にしてはダメです。「うちはうちのやり方がある」という考えを基軸において、その上で「ライバルのB社も大したものだ」と認めることが重要です。ライバルをけなすことや小馬鹿にしたように見下げることは厳に慎みたいものです。

ライバルを持つことは、相手から学ぶことに通じます。学ぶためには謙虚な姿勢で相手を見つめなければならず、それが相手を認めること通じます。。

異業種、異業界、同業種、同業界に関係なく、売上、利益の規模ややり方において、同レベルである必要はありません。たとえば接客のサービスにおいて自社のモデルなる会社を追いつき追い越こそうと考えることも大切ですし、品揃えの豊富さや納期の迅速さにおいてでもよいのです。

そしてライバルにしたい会社は社員にとって、わかりやすい対象でなければなりません。書籍での紹介や人の話を聞いて、「アメリカのX社こそ、即納体制を組むためのモデルである」なんて言っても社長の他はピーンと来ません。又、年商一兆円にも及ぶ巨大企業を例にしても、あまりに自社との差が大きすぎてこれも又、ダメです。抽象的なライバルではなく、具体的。それも実践的に理解できる形でなければなりません。身近でわかりやすいライバルを持つことです。

競いあうということは、ライバルとの関係において互いが意識しあい、摩擦熱を出しあうことであり、その熱をカロリーとして双方のエネルギーに転化することができればこれはベストのライバル関係になります。

大阪のビジネス街に在るC社とD社は同業界におけるライバルです。C社の年商六百億、D社四百五十億の時、D社長に「ここまでくれば一安心ですネ。今後の展開に少し余裕が出てきましたネ」とついついお追従の言葉を発してしまいました。D社長は一早く反応し、「とんでもありません。ウチは二十年間でここまで来ましたが、遠くに見えるC社のビルを見て下さい。わがD社の倍はあります。私が一安心だなんて思えば社員は大安心してしまいます。一安心なんてとんでもありません。まだまだこれからです。三年後にはC社の売上を追い抜きたいものです。」と言われてしまいました。五年後の今、売上においては、D社はC社と肩を並べる迄になっています。D社はバブル景気の時に、土地にも株にも目をくれず、その反対に投機に走ったC社と比べて、利益面では、大きくC社を引き離してしまっているのです。

ライバル視したい相手のことは、腹の中で思っておればよいのです。「あいつに負けるものか」、「あの会社の社長の鼻をへし折ってやろう」ぐらいのことは、堅く心に誓っておかなければなりません。

「なあなあ、まあまあ」のいいかげんな自己満足の世界ではなく、「まだまだ上がいる、せめてあの会社のレベルまでには達しないと…」と自らを奮いたたせてくれるのは、ライバルの存在とあくなき社長の欲望、夢の大きさ、あり方です。

# Ⅱ　起業型社長が醸し出す本能

## 1　鋭い損得勘定感覚が価値判断基準

日頃から業績について、最大の関心をもつ社長の損得感覚は極めてシャープです。動物的といってもよいぐらいの臭覚で、瞬間的に損か得かをかぎとる力には驚かされるものです。

数字を見せられたら、そこに並んでいる数字そのものしか理解出来ないのは普通の人です。社長が見る時の視点は〈対前年比、対先月比、対目標値比、対ライバル比、人的効率、歩留率、坪効率〉といったものが原始数字から瞬間的にはじき出されます。

計数研修など受けなくても、計数分析をやらなくても体で理解しているものです。

H工業H社長は毎朝七時に出社して、昨夕、電算室から出された生産数値と全国から送られて来た営業数値を一人で眺めます。そして、八時十五分からのミーティングで、確認、指示伝達する事項を準備します。

時間はコストですからミーティングするのは約三十分間、必ずミーティングの内容は先送りしないようにします。

この社長の悩みは「なぜ私のいうことが全部通ってしまうのか。数字を情報として的確に摑まえ、もっと大局的な立場に立って自部門の運営に使わないのか」ということのようです。しかし、望ましいことではあるけれども、立場の違いからくる意識の差が数字を読みとる力の差であることも事実なのです。

損得勘定は企業のトップの持つべき価値判断基準の第一に挙げられるべきもの。「そのことをやれば損するか儲かるか」は一番わかりやすいトップの判断基準になります。自由競争経済社会においては、お客様にとって価値あるものがどれだけ提供できるか否かによって会社の存在価値が問われます。品質か価格か、サービスか納期か、何れにしても価値あると思えるものにしかお客様の財布のヒモはゆるみません。

儲けることは絶対的な善なのです。利益を生まないモノやサービスには、何の社会的価値もありません。社会的、道義的に問題あるビジネスや、やり方は、例え法律の目をくぐったとしても長続きすることはありませんが、それ以外なら手段を選ばず、お客様の心をわがものにするための努力をしなければなりません。それが会社が生き残っていくための唯一の手段だからです。

したがって、「利益を上げるために何をどうすべきか」、をしっかり社長としての価値判断基準の中心にすえておかないとダメです。

ヒトに対する評価、投資を含むモノに対する考え方の基準も然りです。

「あの会社のあの社長は欲張りだ。コスト削減要求がシビアすぎる。」と他社から言われている会社は必ず利益を上げています。

取引先が倒産しても公になる前に臭いをかぎとって、債権の大半を回収するという社長がいます。年商百億の中堅商社のことですが、弁護士が「債権の二十％もとれれば…」と言っているのを六十％、七十％は必ず引き揚げてくるのですから立派なものです。これが二度、三度と続きますとこの社長の日頃の情報収集力と判断力の鋭さには脱帽する思いがします。

債権の回収なんてものは、本来、いったん売上として計上してあるものの未回収分を回収するのですから、当たり前のことなのですが「運が悪かった、時が悪い」で片付けられているとすれば「甘い」としかいいようがありません。

判断、決断をする時に一瞬たりとも躊躇すれば「このことをやれば利益が上がるか、否か」を基準にすればよいのです。この一線さえしっかり押さえておけば迷うことはありません。損得勘定とは、損するか、得するかのお金を数えることを意味するのですから。

## 2　クールさとワームさのバランスを保つ

クール（冷静さ）、ワーム（あたたかさ）のバランスは大切ですが、間違ってもワームさが前へ出すぎないようにしなければなりません。

個々の仕事や人に対してワームさ、すなわち人間的な情緒を先行させて接すると、会社全体の在り方や方向を見誤ります。いったんミスジャッジすると取り返しのつかないことも起こり得ます。

又、反対にクールさばかりが先行すると、人間味のない冷徹な味気のない砂漠のようなビジネス関係、人間関係になり、ものごとが円滑に進まなくなってしまいます。

企業における〝人〟を見る場合は、人のもつ二面性を見たいもの。

一つは企業人、ビジネスマン、労働する人、としての一面性と、いま一つは生活人、一人の人間としての部分です。

会社は本来、ビジネスをするためにヒトを採用し、仕事をしてもらっているのですから、ビジネスマンとして会社に有用か否か、の基準が明確であるべきです。したがって仕事をするビジネスマンとしての評価をする場合は、冷静な目と、明確わ基準に基づいて遇しなければなりません。ここで迷うと出来る人材が会社を辞め、お荷物社員が居座ります。能力主義を全面に押し出した考え方をもち、〝格差をつけることこそ平等〟の思想が根底になければならないとするのが能力中心主義の考え方です。

一方、この能力中心主義だけではクールすぎるから〝生活する人〟として社員を見ようとするのが従来からある年功序列型の考え方です。若い時は給料も安いが、お金の要る年令になれば、それ相応のサラリーを保証してくれるという安心感が、会社に対するロイヤリティー（忠誠心）を支えていてくれたという訳です。ただこの〝忠誠心〟という代物も本質的には「会社が〇〇をしてくれるから、自分に利益をもたらしてくれるから…」という社員個人としてのメリットを享受できることからくるものであり、決して単純に「会社のために」といった忠誠心ではありません。

幹部や社員を見る時にはクールに、ビジネスマンとして会社に有用か否か、業績に具体的な貢献しているか否かを先ず前面に押し出すべきです。その上で、人間として、生活者としての〝人〟を認めた上で、ワーム（あたたかい）な対応の仕方を考えるべきです。会社で一生懸命に身を挺して仕事をしたり、リスクを背負ったビジネスをするビジネスマンにとって、〝安心〟と〝保証〟を得ることは重要なことです。背後から何時、ケサガケで切られるかも知れなければ、安心して頑張ることはまずありません。

仕事をしている、ビジネスをしているということは〝会社が斗っている〟ということであり、会社と人の関係も低い次元でキズを舐めあうような関係であってはなりません。会社と社員の良い関係づくりの基盤は、〝業績〟の二文字を価値判断基準においた緊張感があることです。その上でもたらされた成果は、分かちあう仕組みがルールとして存在すれば、公平な分配が出来ます。〝冷静さ〟と〝あたたかさ〟については、日常ビジネスの中で起こる会社と個人、上司と部下の間における多くの問題の一つひとつの対応においてもメリハリがつけられていなければなりません。

安易に流れたり、甘えた発想、組織の権威をカサにきた、思い上がりからくる組織の上下関係や、異性間の社内トラブルには、厳とした姿勢で臨むべきです。普段はニコニコ笑っていても、「これは」、と思い至る時は社内を引き締めるチャンスです。

厭なことかも知れませんが、衣の下からヨロイがチラチラと見えることも必要なのです。いつもかも伝家の宝刀を抜いていては馬鹿にされますし、効果はありません。ボケているように見せて「イヤ、中々ですナ」、ニコニコ笑って「目は笑ってません」、というように、時には凄味を見せておくことも必要です。

## 3　現場感覚を磨き抜く、リアリスト

生産現場の改善、営業現場の細かいチェックや指導をする時に説得力があるか、ないかは、ナマナマしい現場の実情を知っているかどうかで決まります。

第一線の長と、差しで現場レベルの話が出来ることは、社長として重要なことです。過程を見ずに結果を見ただけでいくら部下と話をしても、「社長は本当の現場を見ていないから、解るはずがない」とその場をごまかされてしまいます。利の元はすべて現場にあります。その現場を知らないような社長はナメられてしまいます。ナメられると〝利は元に在り〟の原則に反して仕入れコスト管理は甘くなるし、販促の仕掛けや企画も形を整えただけの無意味で高いコストのものになってしまいます。

生産現場、研究開発室、営業現場に社長が頻繁に顔を出すだけでも違います。

家庭雑貨品メーカーの社長は、在庫を見るのが大嫌いです。まるでお金がホコリをかぶって積まれているような思いにかられて、胸はムカムカ、気分はイライラしてくるので

す。得意先は大手量販店が中心ですから、力まかせで各々勝手な要求をしてきます。例えば年に何点でるかわからないものにまで、即納を要求してきますから仕方なく在庫します。そこで約四千五百点にのぼる商品アイテムの売上高を分析し、その結果をA・B・C・D・Eに分け、D・E品を廃番することに決断。一年後、粗利益率は約6％アップし、在庫も極端に減少し、アイテムは二千点に迄絞りこめたのです。勿論、倉庫スペースにも余裕が出てきましたし、管理要員が5人浮き、資金の流れは更に良くなりました。この会社の社長が口癖でいうことは「管理者は現場で宝物を拾え、そのためには机の上でなく、現場を歩け。総論をやめて、具体的な各論に強くなれ。」

営業会議に出席する社長が、係長や主任クラスの人にいとも簡単に言いくるめられている場面をよく目にします。「私も営業の経験をしていますから、彼らの言うこともよく理解できるのです。」、とは言いますが、要するに現場を知らないだけのこと。「ダメなら俺がやってやろうではないか！」「決めたことを本当に忠実にやっているか？やっていないじゃないか」、「この間私が訪問したA社の社長が言っていたゾ、『あなたの会社の担当者は月一回も来ない時があるし、依頼したことへの返事が返ってこない』と」。

現場のリアルな話が出来ればそうはやすやすと現場の長に適当なあしらいを受けなくても厳しく接することができるはずです。

又、このような今の現場の問題に即応するためだけでなく、明日のわが社の在り方を考えるためにも現場の情報をリアルタイムでしっかり持っていなければなりません。

会社の将来構想は、社長自身が直接、肌に触れ、感じることから生まれてきます。自社の現状、現場のヒト・モノ・カネの状況を充分に把握しないで、いくら夢だ、ロマンだといっても始まりません。

環境に適応できる会社の第一条件は、社長自身が「現場には財宝がつまっている」と思うことです。今を生き抜き、明日に向かうためのネタは現場にころがっています。

## 4　本音でモノを言うに徹する

社長は説教師でもなければ教戒師でもありません。説教師や教戒師は相手の心の琴線にふれる話をすることに心をくだきますが、必ずしも自分自身は自分の言うことをやれているものでもありません。

どんな人でも言うことと、やることの間にギャップはあります。ギャップがあればある程、言うことが立派であればある程、当人は結構苦しいもの。ましてや常に顔を合わすような関係ならボロはすぐに出ます。人格者と言われる方々の家庭が結構荒れていることがよくあります。

社員にすれば自分の会社の社長は何もかもが立派であって欲しいものですが、日常的に顔を合わし、接する機会が多いだけに、いつもかも、聖人君子であるわけにもいきません。

よく「社員がかわいい、大事にしたい宝物だ」という人がおります。でもそれを聞いて、社長の本音だと思っている人はありません。

それよりも「私は仕事をしてくれて、業績を上げてくれる社員がかわいいし、好きだ」という社長の方が解りやすいし、気持ちがよいもの。

誰でもよく知っている有名な社長や評論家と顔見知りだからと言って、その人の名を借りてモノを言い自分への付加価値をつけようとしても、浅く薄く見られるだけのことです。

自分の言葉で、自分の本音で語ることに嘘はありません。

しかし底の浅い本音も困りものです。例えば「社員は私の金儲けの手段で、個人の蓄財の道具だ」と言われれば、本音としては納得できるかも知れませんが、聞く方の社員の心は寒々とします。本音の本音はそうかも知れませんが、「社員がいて、共に頑張ることによって会社も私も安心できる。社員はパートナーだ。」なのです。これはもう立派な本音です。

何もキレイ事を求めている訳ではありません。経営者として、社長として、一人の人間として、当たり前のことを社員に求めればよいし、与えればよいのです。言うべきことをグジグジして言おうとしない、言えない人を見るとイライラします。余計な修飾語を用いたり、本質を見失うような難しい話をされると「あの人、一体何が言いたいのか」と思われてしまいます。

又、本音でない嘘というものは正直なもので、すぐにバレてしまいます。嘘や虚勢、虚栄はいくら上塗りをしても醜くなるばかり。相手との約束を守らずに、「親が病気で」、「母親が重体ですから…」と言い訳をして、相手から「あなたは何人、お母様がいらっしゃるのですか」と言われた人もいますが、よく似たものです。本当のことを本音で相手に言っていない人は不誠実です。

本音で正直に話すことが、相手の心を打ち、納得して貰える材料になります。

## 5 粘って、粘って諦めずに食らいつく習性

物事に淡泊すぎるのは、社長としては問題があります。創業者オーナーである社長は、ゼロからの出発でカネもモノも何も無いところからスタートしています。だから、なにごとに対しても執着心があり、こだわりがあります。何よりもとことんやり抜かないと気が済まないのです。

あることをやる場合、根性の入っていない人は、一をやってみて、それがダメならすぐに諦めます。最初の一でさえ一生懸命やってみたのか否かも問題なのですが、根性のすわった社長は違います。前から後ろから、タテからヨコから、上から下から、ひっくり返してでも手段を講じ尽くします。この間が実は大切なのです。アレコレやっている内にある瞬間ヒラメキが来ます。

化学実験も同様で、淡泊な性格の人は試験管を何百回か振ってみて、反応がなければ直ぐに諦めます。何千回、何万回と同じことを繰り返すことによって化学反応を見つける人

もいます。両者が得る成果の差には天と地の差が出ます。

外食チェーン店を自社のみで展開するY社は売上高四十五億の中小企業です。社長は元商社マンの脱サラ成功の希有の例。Y社長の持っている出店可能基準は、とにかく人の集まるところへ出ることですから、当然テナント料や、保証金は安くありません。ですから出店即採算店であることが信条です。他社のように、知名度が上がるまで半年は辛抱しようなどということは、毛頭考えていません。

出店前の販促活動を徹底的にやります。街頭はもちろんのこと付近の商圏内として設定した範囲は、社長自らの陣頭指揮で、悔いの残らぬように細かいスケジュールの組み立てをします。家庭訪問だろうが、職場・学校の校門、駅頭の何処であろうとも、社長自身が人の集まる場所には一定期間必ず出没します。

開店当初にいくら来店客があっても続いて来店して貰わなくてはなりませんから、お店で出す品々の管理は徹底され、サービスも又、心のこもった対応を厳しくしつけます。この熱心さたるや、筆舌では表現できませんが、「社長はこの仕事が本当に好きなんだなぁ」と思うしかありません。出店した店のすべてが良いとは限らず、その時は又、社長自らが建て直しのために陣頭指揮をします。とにかく熱心です。執着心、粘り強いことこの上なしです。

今すでに、消費者金融業界は、法的規制に端を発した体質・体制の近代化により、一昔、二昔前とは異なり、随分システム化され身近で安心してキャッシングが出来るところです。保守的で鼻もちならぬ銀行よりもはるかにサービスは良く、気持ちの良い会社は隆々としています。この業界が〝サラ金〟と呼ばれていた頃、X社長は、貸付金のコゲつきに対しては、本社から遠く五百㎞離れた債務者に対して、五万円を取り立て、返して貰うために自らが車を飛ばして、丸二晩、貸付者の家の前で過ごし、返済して貰いました。お金を商品としている訳ですから、商品の大切さを自らの行動で社員に示している訳です。

何でもそうです。そう簡単に事の成るはずがありません。社長の頭の良い悪いで会社がどうなる訳でもありません。

社長の〝事〟に対する粘りと、やり通すだけの強い意思が紙一重の差となり、やがては大きな差となって会社の経営成果に反映されます。

一旦心に決めれば、あとは粘って粘って、とことんやり抜くまで食らいつくことです。振り払われても、突き倒されてもやろうとすることを離さないことです。後悔しない位に徹底することです。

## 6　ギラギラした闘争心を全面に出す

「斗う」とは言っても∧自分を相手に斗う∨場合と∧他人と斗う∨場合があります。

年若く、自分の持つエネルギーが全て外へ向かってフルに発揮されている時は〝自分と斗う〟なんてことは思わなくてもよいし、そんなことを考えている余裕もありません。

しかし、ひと年とり、齢《よわい》も五十前後になり、少し仕事に疲れを感じるようになると、急に人生や仕事に対し、悟ったような気になる時があります。そんな時は自分の会社の幹部の顔を見てください。必ずといってよい位、彼等の表情にも又、どこか〝安住・保守・惰性〟の雰囲気が見られるものです。こんな時は、社長自身が∧自分を相手に斗う∨ことが必要です。

より積極的な生き方をすることは自分との斗いに勝つことに通じます。例えば、外国で過ごさなければならないとなれば当地の語学を習得しなければなりません。習うことはシンドイことです。しかし、苦しい思いをすることから逃げたいことよりも、彼の地に住み、学ぶことの夢の方が大きいから語学を学ぶために努力をするのです。一旦モノにすれば、今迄の自分の世界とは異質の新しい世界が開けます。これは「怠けたい」という心に、「希望を実現したい」という心が勝ったということになります。

五十五才の社長に「よくここまで頑張ってこられましたね。ホッと一息ついて下さい」と話をして「とんでもない。私は私の人生です。私が今気を緩めれば、全社員の心のタガが外れます。あと十年は後継者のC君とは異なる仕事を分担して頑張りますよ。」と言われたことがあります。エネルギッシュで目をキラキラ輝かせるこの社長に多くを学んだものです。

「仕事だけが人生でない」と人は言います。私自身、同感するところもありますが、「仕事があってこそ、仕事以外のことをやっても楽しい」と思うのも又、真実です。人は皆、生ある限り、何らかの形で生き、躍動する社会の役に立たなければならないと信じています。

プロ野球の選手でも二軍暮らしが長くなると、サラリーはそれほど上がらなくても周囲の人が年功だけで先輩扱いをしてくれることもあり、結構居心地よくなるものらしい。それが一軍に入った時の待遇の良さとレベルの高さで競い、世間からも注目される環境を経験すると、もう二度と二軍へは落ちたくなくなるそうです。

会社もそうです。自社よりも優れた会社はいくらでもあります。上へいけばいくほど、レベルの高い会社と競い合えばあうほど、自社のレベルも又、上がっていくものです。上がった時の喜びは、上がった者にしか味わえない充実感です。

メラメラと燃えるような情熱をたぎらせること、そのために、現状に甘んじようとする自分を叱咤激励すること、そして、ギラギラした斗争心を前へ前へと押し出すことです。マンネリと惰性の環境に在る自分自身はこうして一まわり大きく成長するはずです。

## 7　好きなことに徹する

厭なこと嫌いなことは続きません。他社の真似をしたり、世間の流れに心を惑われて、自分の好きなことでもやりたいことでもないのに、見切り発車のスタートを切ってしまって失敗する例は少なくありません。

大切なことは、一旦手をつけた事業や仕事に対して渾身の力、あるだけの情熱、打つべき手を打ちきったと思う時、その結果がどうあれ、「好きなことをやっているのだから」と思えることとです。

好きなことをやる時は、①先ず社長自身の思い入れが違います、②好きなことは、その分野についてよく知っています、③事例を知っているから頑張り、耐えることが出来ます。

但し、「好きであるから」こそ失敗することもありますから、あくまで「ビジネスをしている」という、当然の事実だけは常に頭に入れて置かなければなりません。

事業の展開をするにあたり、いくら自分が好きでも、そのことを自分の会社の〝業《なりわい》〟とする時は、すでに苦しみが始まっています。好きな仕事もやってみれば、その時から苦しいことの連続なのです。単に、「楽しみたい」のなら、ビジネスにしないこと、そして、本当にやる気ならその時は、社長自らが手をつけること。一から十までのすべてを自分でやってみることです。他人まかせで上手くいく程甘くはないでしょう。

鉄工会社が家具店を始めました。「家具を作る機械を製造しているから関連業界進出だ」というこじつけが基本コンセプトでした。

機械メーカーが小売業へという、全く異なる分野への進出なのですが、とにかく社長方針が通り、十階建の店舗ビルが完成しました。オープンセレモニーから六ケ月経過しただけで会社更生法適用の申請、すなわち〝倒産〟です。

管財人の調査によって他の専門店からスカウトした営業部長が、家具の仕入先メーカーから仕入額の十％もの高率マージンをかすめとっていた事実が判明したのです。そして、新規事業はおろか、創業以来二十五年間、黒字決算を続けてきた会社そのものが潰れてしまったのです。

社長自身が新規ビジネスに手をつけることが出来なければ、自分にかわって仕事をするパートナー選びが極めて重要です。パートナーは大切ですから信用できるはずです。しかし、それでも二重、三重のリスクをヘッジする仕組みを作っておくべきです。作っておくことが結局はパートナーのためでもあるのです。ヘッジの仕組みとは、代わってやれる人をつくっておくことであったり、まかす部分を明確にすることであったり、報告・連絡・相談を徹底することです。

いくら好きなことでも、好きであり続けることは簡単ではありません。投げ出したい時、放り出してしまいたい時の方が多くて当然です。

そこでひと踏ん張りするかしないか、出来るか出来ないか、そんな時には「社長である自分が好きでやったことではないか、自分自身が意思決定したことなのだ」と、原点に帰って考え直し、思い直してみることです。そうすれば勇気が湧いてきます。やり抜くことが出来ます。

## 8　自らを追い込む勇気をエネルギーにする

幹部であっても一般社員であっても、部門や会社からの仕事上のプレッシャーがあります。部門目標があり会社の数値目標がある限り、目標は達成するためにある訳だから、当然プレッシャーです。

そのプレッシャーとは「組織のためにやらなければならない」と言うよりは、「社長から言われたことだから」「会社から与えられたノルマだから」といった「仕方なしに」といった部分が多いのです。自分から求め、自分自身が設定したものならまだしも責任感は生まれてこようというものですが、そうでない場合の方が多いのも実態です。自分が考えて、自らに課したプレッシャーなら、それをはねのけていく気力が生まれることにより、本人の力もついてきます。

同様、社長自身の社長としての心理的圧迫感も会社のトップなのだからという受身の立場でことから受ける部分と、社長自らが更に自らの上昇志向によりつくり出すべき前向きのものとの両方があります。

「これだけの社員をかかえて、大変なことだ」ということで、守りを前提に経営を考えると、どうしてもダイナミックな発想が出てきません。負担感と義務感で経営を考えると疲れるだけです。

時々「もう疲れました。あとは誰かにまかしていきたいのですが後継者は、まだまだの感です。息子は三十才ですし、中継ぎ人材も少し心もとないようですし…」という方に会います。

会社の規模・業容の拡大は当然ながら、会社自体の質的な変化をもたらしてきます。社内ではその間に人の出入りもあろうし、自社対象市場における顧客層の変化もあった筈です。社長の仕事の量と質のレベルと範囲が変化するのは自然の流れです。

「疲れた」といわれる社長の会社はおしなべて業績や業容に大きな変化の見えない企業経営である場合が多いようです。何もかも現状をベースとして考えておれば今のことだけに気持ちがいってしまい、疲れます。〝変化〟がなければなりません。〝変化〟を自らがつくらなければなりません。誰がつくってくれるわけでもなく、社長が自分でつくるのです。

安定した顧客、永年勤続の社員、特に下請的な仕事で今迄やってこれた会社は要注意です。又、一社への売上が10％を越えておれば要注意。30％以上なら生かされるも殺されるも、相手次第です。

〝安定〟を求めるのは人の常ですが、その中に〝安住〟をしてしまうと社員も惰眠をむさぼってしまいます。会社が少しづつ腐ってきているのです。

ギリシャの古い話に「魚は頭から腐る」という言葉があります。会社も社長が腐り始めると、会社全体も腐り切ってしまいます。

安定していると思っていたお得意先は日々、刻々変化する市場環境の中で斗っているのです。だからお得意先、お客様の要望に応えられなければ、いつ何時、関係を断たれるかは知れたものではありません。そんなことは、今この一瞬にも起こり得る〝現実〟です。社長が〝危機感〟を持てば、日々の行動にすぐ表れます。社員の動きにもリズムが生まれます。

事が起きてからでは遅すぎます。社長が自分を追い込む、社員と異次元の経営全体としての課題を認識していただきたいもの。それも常に前を見て、会社の将来を読んだ上でのものでなければなりません。

# 9　事実と現実から絶対に目をそむけない

問題の先送りをすると必ずその後、二倍、三倍のエネルギーを使って解決しなくてはならなくなります。厭なこと、難しいことはついつい先送りすることも多いし、社員の行動のあり方で気になることがあっても「その内わかってくれるだろう」、「又、次にミスでも犯した時に言ってみる…。」と思っていると必ず次には、更に大きな、時には取り返しのつかない事故になることもあります。

問題解決も、人の育て方も、第一の上手くいくコツは〝現地現場主義に徹すること〟です。

社員に注意する時や叱らなければならない時に、社員の不機嫌な表情を先に思い浮かべて、ついつい「まぁいいか」で終わらす時があるとすれば、断じてそんな甘い考え方を捨てなければなりません。

〝現場〟という所とタイミングを見て、その瞬間に反応する勇気と決断力こそ社長の武器です。

特に会社の経営活動が足踏み状態にあったり、成長が鈍化している時は、社長の陣頭指揮下、危機感の浸透によって経営目標を達成するために社員の意識を改革しなければなりません。

景気のよい時は黙っていても組織は活性化しています。

皆のコミュニケーションはよく、挑戦する目標は達成され、ヤル気に満ち満ちているものです。
<社長の考え方↓企業としての戦略方向の明確化↓組織分担の明確化↓開発・生産順調↓成果上がる↓ヤル気の社風↓社長の考え方は更に前向き…>と上手く上手く、回っていきます。しかし、この一見順調に見える経過や流れも、〝現場と現実の重視〟を徹底しておかないといつでも上滑りをして崩れていくモロいものです。
特に大切にするべきことは〝市場〟に向けて、どんなサービスや商品をつくり出し、送り出していこうとするかが、会社の近未来を決定づけるわけであり、それを支える内部のマネジメント、組織活性化が大きな経営テーマです。今、この現実が基盤になってこそ明

日への戦略があるわけですから、現地・現場主義に立って、社長自身が直接思ったこと、耳にしたことを即、経営に活かして大切にしてほしいのです。H社は、大型店舗六つを持つ家具・インテリア小売業です。社長が毎朝、各店舗に神出鬼没します。どのお店に何時来るかも知れず、昨日来た店に今朝又、現れます。

朝礼に出席をして短いコメントを話し、売場を自分が直接眺め、確認して、店長にはアドバイスを次から次へと出します。

この社長は、特に売場の構成と人の動き方に敏感で、大抵のアドバイスは、反論の余地がない位、的を得ています。社長がそれだけの他店舗情報を仕入れており、勉強もしている証拠です。

人を信用しないわけではありませんが、「誰も見ていない、叱られることがない」となりますと、ついつい無意識の内に楽な方、低いモラルでやっていける次元に自分を落としていくもの。

どんな些細なことでも、見て見ぬ振りをしてはダメです。社員のやっていることの一つ一つにすぐに反応するか否かは、その時の問題のレベルにもよりますが「許せるものか許せないものか」「今、言っておくべきことか、暫く様子を見るべきことか」については、その都度〝経営〟という立場に立って、社長自らが判断すべきです。

社員は社長の分身として、社長の代わりに仕事を分担しているのです。社員に対して「ありがとう」と思うのは、社長の信頼に応える仕事をしていてくるの時の話です。そうでなくなれば目をそむけずに、社員の考え方や行動を我がことの如く厳しく対応し、行動すべきです。

## 10 「心から…」の感情を抑えない

相手が社員であれ、お客様であれ、お互いが信頼しあえるためには、お互いがお互いのことを一生懸命に考えた上での言動、行動によって表現されなければなりません。一時的には感情を害するようなことがあっても相手に関心を持っているからこそのものであれば、イヤなことでも必ず相手に通じます。

お客様からのクレームもそうです。クレームがクレームを更に大きくする場合と、クレームへの対応の仕方によっては、反対に信用を築く場合があり、その差は大きいものです。言い訳、弁解の繰り返しで、さも「お客様のあなたが悪い」と言わんばかりの接し方では問題を更に大きくしてしまいます。説明すべきはしっかりと話をし、当方の非はそれとしてハッキリ認めることです。クレームという〝形で見える問題〟に、〝感情という心の問題〟が入り込むと、こじれてしまって互いの信頼関係の回復は難しくなります。

部下と上司の関係においても、お互いが関心を持ち合って、一生懸命に接しておれば理解しあえるもの。

〝「心から…」の気持ち〟は互いに関心がなければ出ることはない筈です。格好をつけて、「相手のことを思って、一生懸命に言ってあげる」なんて言わなくてもよいのです。感情でモノを言うということは、その瞬間に敏感に反応しているということになります。一生懸命であることを証明しています。

感情に訴える時は迫力があります。「心から…」の感情で相手と接する時は世間で言う〝常識〟から推し量ってみて当たり前だと思えることでなければなりません。例えば経営上の課題を打開し、解決すべく討議をしている時、会議において自論を押し通すための単なる感情論を強行するなどということでは話にもなりません。

どんな時にも、価値判断の基準をしっかり持って、自分の言葉で語ることです。感情でモノを言えといっても、社長としての判断能力は、理性によって支えられます。理性が働くためには余裕を持っていなければなりません。一段高いレベルと視点に自分を置いておけば、冷静に感情こめて話が出来ます。

社長と社員の関係は雇用契約です。本質的に契約社会でない日本のビジネス社会における人間関係は、ウェットな部分が基礎となって成り立っています。だから、社長と社員の関係にもビジネスを上手くやるという共通の目的がベースにあって、人間と人間の肌のふれあいにも似たよい関係ができていてほしいもの。人と人の関係は水のように淡い方が良い場合も多いと思います。しかし、外面《そとづら》も、内面も粘りをなくし、淡泊な関係になってしまうと、会社全体の在り方もダメになってしまいます。これを冷めた関係と言います。恐ろしいことです。

注意しなくても、叱らなくても皆が皆、各々すべきことをやってくれれば言うことはありません。社長が社員に対して「こうあってほしい」と思うことが出来ていなければ、それこそ全身全霊をかけて、やってくれるまで相対さなければなりません。

ある社長は社員に話をする時、興奮してくると全身を震わし、真っ赤になって叱りつけます。聞いている方は、もう恐ろしいばかりで萎縮し切り、ひたすら頭の上を嵐が通りすぎることを待っています。

反対に、ある社長は、こみ上げる激情を押して静かに一対一になり順々に問題点からその原因、直すべき点を述べます。相手と話すその目は鋭く、まるでを射るが如き様です。

叱り方、注意の仕方にハウツーなどありません。あるとすれば、余計なことを考えずに、ひたすら自分の信念に基いて接することでしょう。計算され尽くした叱り方などなかなか出来ることではなりません。

## 11　問題部門へは直接介入する勇気をもつ

全部門がいつも順調であることは少ないもの。F社は、スポーツ関連アパレル企画メーカーです。五十億前後単位の分社が三社あります。

各分社の部長は全員がまだ四十才前半で、その上にいる社長がまだ四十八才のバリバリです。

分社各社毎の年度利益計画を策定し、新年度がスタートします。（計画はスタート一ケ月前に作成済み）スタートして三ケ月経過後、まだ年度の利益計画が実情と合わない時には直ちに社長が介入してきます。もちろん、日本経済全体の景況が芳しくなくて、自社の業績もそのために若干悪いという時は、そのようなことはしません。しかし、ある分社会社のみの現象である時には、容赦はありません。

各分社の部長は、社長が介入してくるのが厭なのです。ゴチャゴチャと自分の組織に入ってこられてはたまらない思いですし、第一、プライドが許しません。ですから、全力で介入を阻止します。阻止する方法は、唯一、自分の部門の成績を落とさないことしかありません。

なまじトップとまかした部門長の関係が大人の関係であると相手にも気をつかいすぎて、言うべきこと、介入すべきことに二の足を踏みます。その間に状況はどんどん悪くなっていくことが多いもの。

又、ある会社で社長から改定・改組した組織図を見せられて意見を求められました。全社的に業績が悪くて、その原因が部門長にある、と思い立っての改定のようです。その組織図はA・B・C・Dの各部門の長の分担を変更しただけのもので、一番驚いたのは、ここ五年間連続の赤字を出していたA部門の事業部長が、業績管理のコントロールタワーであるべき計数（計数・財務管理）管理部門の部門長になっていることです。″新組織のご案内″として、得意先、関係先に配布するべく、ハガキの印刷を見て、「これはダメだ」と思ったものです。こんな時は、もう一度全社を一本にして、社長自身が陣頭指揮すべきなのです。社内の幹部人材のメンツを重視したバランス人事によって、経営上の判断を誤ってはなりません。

又、東京青山にある輸入雑貨小売チェーンの社長は二代目です。不採算店をA店長に任せて三年目になりますが、一向に上昇気運が見えず、困り抜いていました。先任の社長に自分の意思を通して貰い、出店したのですが、A店長以外にも今まで支店を担当した二人の店長が責任をとって辞めています。

社長は悩みに悩み、(自分の意思で無理に出店したことと、採算店にするためには自分が出るべきなのに、やるだけの勇気がないジレンマ)又、悩み抜いてそして、「失敗してもよい、ここまで来れば自分がやるしかない、自分の責任だから…」と決意しました。

ここに至るまでに本人の心の中では他人には理解できないぐらい悩み抜いていたようです。そして二年の間に思い切った手を打って(在庫処分、アイテムの整理、イメージのうち出し、パート社員の切り捨て)直営店No.1にしました。社長本人の自信はつくし、社員の見る目は違うし、何よりもトップだからこそ、思い切ったことに手を打てる立場であることを実感し、社員への思いやりの気持ちが出てきました。

何れのケースにしても問題のある部門への介入には勇気が要ります。それは、現在担当している部門長への気遣いであったり、自分自身がリスクを避けたいと思うことであったりいろいろでしょう。しかし、"経営"の立場に立ち、社長として、会社を組織を守らなければならないという当たり前の原点に立って考えるなら、"問題発生、則トップの介入は"当然です。

# 12　社長は孤独、だから人が好き

他人に愚痴はこぼせません。部下やメンバーにはたとえ世間話の中といえども本音で弱味を見せることは許されません。

ロータリークラブ、ライオンズクラブ…色々な社交団体と思えるお付き合いの中で友人ができるとも思えません。どの道、リーダーとしての悩みを人に語ってみたところで解決する手だてができるものでもありません。

学生時代の友人も、近くにいて、ある程度の付き合いがある人に限っても立場が違ってくると、反って疎遠になることがあります。だから、身近でお付き合いをする団体のメンバーの方が親しいような気になる時もあるものでしょう。ごく自然の成り行きだとは思いますが、団体での友人は利害のからむこともあり、思惑もあり…で、腹を割って話をすることなど、まずはあり得ません。

会社で貸倒債権が発生すれば、担当者も担当長も当たり前の処理ぐらいは一生懸命にやってくれます。しかし、たとえ僅かといえども、千円でも多く回収しようと、考え抜くのはやはりトップでしょう。社内でトラブルが発生した時に、夜をうつらうつらとまんじりともせずに過ごしながら、次から次へと考えをめぐらすものトップでしょう。

寄る辺なく、頼る術もなくなれば、考えに考え抜いて、あとは打つべき手を打ち、粘りに粘り抜いてやり通すことにより、自分自身の心をなぐさめ、思いを断ち切るしかありません。

企業トップが心の寄りどころとして、宗教に救いを求める気持ちは、仕事の厳しさからしてよく理解できます。

過ぎると麻薬にもなる宗教ですが、自分自身の孤独感をいやすためや、自分の律するためのものならば、心の糧として有用ですし、必要なものです。

山と同じです。組織の上へ行くほどに先は細く、とんがり、孤高にならざるを得ません。所詮、トップとはそういうものです。高い一点を目指す人の多い中、自らがそこに在るという運命を甘受し、登ってきた自らの頭をなでながら、更に高い処をめざそうと、前を向いて更に一歩、進もうとする勇気が孤独感を解放するものです。

## 13 〝求心力〟であることの自覚

団体であろうと集団であろうと目的を持つ人が集まっているところには必ず中心があります。その集団の力の大きさは、真ん中にある核の在り方によります。核に向って力が集まっていることを求心力といいます。企業もそうです。

外見上、変わりのない風体に見えていても会社というものは、各社各様、まさに各人が各様の顔と心を持つと同じように、すべてが異なります。

会社ともなれば何十人、何百人、何千人、何万人もの人々が同じ企業組織の中で仕事を分担し、行うわけですから核心部分にブレがきますと、全体は大揺れに揺れます。

事ある時に一人ひとりのメンバーが自分自身の行動の価値判断をする原点は核のありようです。判断に迷う時に核・中心点がないと、どうしてよいのかさっぱりわからないものです。混乱の極みです。

会社も組織も、そして家庭でも求心力がなければトータルパワーは出てきません。各々の役割分担は上手くいかないものです。

社員にとって働きやすい会社は、求心点（核）が明確であり、皆のエネルギーが、核を中心として渦巻き状に外へ外へと放出されている会社です。

よい会社は核を中心にして、一つにまとまっているもの。

経営とは経営資源の効率的運用をすることですから、エネルギーが分散されると空回りの状態となり、結局は仕事をするヒトの心が消耗し切ってしまいます。

多少、経営がスムースでなくても大丈夫。少なくとも、核であるべきトップやリーダーが明確な考えを持ち、自ら行動で範を示しておれば必ず社内パワーはまとまってくるもの。

目的が明確で、理念はしっかりし、全体の統制がとれていて、その上、リーダーとメンバーの間に一体感があれば、何も困ることはありません。トップやリーダーが自社、自部門の求心力であれば全社の力は相乗効果をもたらします。

## 14　各論に強いトップ

経営環境の悪い時にはトップダウンが一番、機動性のある組織です。トップダウンで、意志疎通し、現場が即、動けるようにするにはトップ自身が現場に強くなければなりません。

現場に強いということは、的確に現状を把握し、その問題点を打開するための方法をよく知っているということです。よく知るためには、とにかく営業現場、生産現場、そして市場そのもの、ライバル企業の現状を明確に見る目と分析力がなくてはなりません。

総論なんかどうでもよいのです。要は細かい、極めて具体的な各論が必要なのです。各論を知らなければ、現場からの〝出来ないための言い訳や、やらないための屁理屈〟に屈してしまいます。

X社では六千アイテムの商品を三千に減らしました。その結果、在庫半減、納期クレーム半減、コスト30％減、資金需要減、…したがって利益倍増の成果を上げています。

アパレルY社のトップは、展示会のレイアウトにドシドシ口を出します。誰もが一人ひとり異なる考えとセンスを持つこの業界でも、ベーシックな部分と、敢えてセオリーを無視するやり方、このバランスに乗った感覚が常に求められます。社長の口出しを社内の専門家といわれる人に納得さすために、社長自身が、専門店、百貨店の各コーナーをまわり、キメ細かい知識とシャープな感性を鈍らせない努力を重ねています。

休日にも時間があれば、必ず店舗まわり、…とにかく現場感覚を磨くことに努力しているのです。

各論、すなわち現場で起こっていることを知っておかないと、見えない処、小さい処で日々少しずつ社内のタガがゆるんでいることや、人を介して得ている情報に色がついていることに気がつかないのです。

会社のトップ、部門の長は現場を知ることによって自分の組織の中で発生していることという裏づけを充分に把握すること。出来る範囲は限られていても、やはり努力すべきです。その努力は問題がある時には直ぐに手を打つという具体的な行動によって活かされなければなりません。

出来る限りの時間を割いて、現場へ足を向けるべきです。

## 15　中途半端は失敗のもと、やる時はヤリ切る

私のよく知る若社長は四十才、社員規模二百人、年商百億規模、小売業です。この人、本当に困った人で朝九時の出社時間には来てくれるのですが、十一時にはもう出かけています。

勉強熱心です。とにかくいろんな会合には積極的に出かけます。団体の役職も大好きで気持ちよく他人人の逃げる名誉職も引き受けています。ところが、外でよく勉強しすぎと言いますか、セミナーで聞いてきたこと、付き合い仲間の情報を、即、自社に導入しようとするのです。ここ十年の内に手を出しては撤退した事業は五本の指で足らない位になります。

その度に一回で億単位の投資という名の勉強代はかかるし、社員は右往左往するし、全くたまったものではありません。投資経費、償却代を含み年間三億の利益の会社に二億の投資という美名の捨て金で「儲からない、儲からない」を連発されては社員もたまったも

のではありません。

とにかく移り気です。徹底できないのです。困ったことは二つです。

＜その1＞現場にはノータッチに近く、社員の規律の乱れを知らないままに「よきには
からえ」式。

＜その2＞一つの事業をしっかりと見極めるだけの粘りと執念がない。

この二つが会社をダメにしてきているのに、危機感がないのです。そのことの指摘に対しても抗弁があります。そんな言い訳の通用していないことは、本人も充分に承知しているのですが、とにかく新しいことをすることが経営だと思っています。

一つの事業を成功さすための要点は三つです。

＜ヤル気―環境―実行力＞です。

〝ヤル気〟とは「必ず、絶対にやるんだ！やり切るんだ！」という目標に対する執念であり、粘り切る必勝の信念。

〝環境〟とは、必勝の信念を支えるための情報力であり、システムの力です。

〝実行力〟は、やり切るための人材力と商品力、そして、実行に結びつけるための一点の

くもりのない組織としての実践行動力です。

これらのことが徹底して出来ないことには、他のことをやる資格はないのです。当然、成功など決して〳〵おぼつきません。

## 16　会社への愛着は強烈

会社を思う気持ちにトップほどの思い込みのないのがNo.2であり、No.3の立場の人です。

No.2やNo.3の人がいくら会社を思い組織を思い、部下のことを考えると言っていても、トップとの思いの度合いは違います。組織を大きくする過程で、そのための苦労をいくらしたといってもトコトン会社を思い、会社に入れ込んでいる意味において、トップはやはりトップなのです。だから、自分の在り方についても自己規制が働きます。自分の立場を考えて他人の目を意識する度合いには、強いものがあります。自分を規制しコントロール出来ないと、糸の切れたタコのように、どこへ飛んでいくかの行方さえ自分にもわからずに、最后は落ちていくのです。

会社を思うといっても、誰でも自分を一番大切に思うことと同じ意味と同様、会社を発展させてきたという事実に対する自負心・誇りと愛着心においてはトップに勝るものはありません。

自分が手塩にかけたものはかわいくて愛しいものです。会社は手づくりの芸術品であるからこそ、自分が中心になって、一人ひとりの人材すら自らの手で鍛え、つくり上げてきたのです。手づくりの人材がビジネスのパートナーとなり、会社を発展させてきたことは事実です。トップとしては「自分が…」という気持ちは強いし、その強さが、全人格的に会社の社風に反映されていくものですから、当たり前といえば、当たり前なのが、企業への愛着心です。

ここで考えてみたいことがあります。自分のパートナーの立場に立てば自分は又、パートナーにすぎないということです。

だとすると、トップ自身の生き様を経営の中で表現してきたように、パートナーである幹部や、社員、メンバーにも生きた経営の在り方を伝え、教えこむ努力が大切だということです。社歴が長ければ、業績への貢献があればそれを幹部への登用基盤とすることも良しでです。しかし、それだけで、本当にトップの経営パートナーとしての基盤が出来ていると思ったら大間違いです。いくら嫌われても厭がられてもパートナーになる人には自分の思いを繰り返し、くく、自分の思いを伝えるべきです。トップ自身が、彼のパートナーであるためにも、一つひとつの問題に対して粘り強く身体を張って対すべきです。それが出来るか否かが紙一重の差となって、結果的に他社に比して大きな〈企業力＝人材力〉の差となって、組織メンバーに物心両面の幸せをもたらすことが出来る経営の基盤になります。会社への愛着心も共有できるのです。

# Ⅲ　起業型社長のマネジメント

## 1　計画の骨子は社長の生命

　社長が社長らしくあるために行使するべき経営権は〝意思決定権〟にあります。意思決定権とは、「会社はどうあるべきであり、どの方向へ進むべきか」（＝戦略方向の決定）、「組織体制はどうあるべきか、現在の課題は何で、現状から見てどんな手を打つべきか、今何をすべきか」（＝戦術方法の決定）、「どの順序で誰がいつどんな方法で、どのようにしていかねばならないか」（＝戦斗力の発揮）の戦略・戦術・戦斗の三つの過程における経営上の意思を決定することです。

　だから、この三つのステップを踏まえながら経営をしていく社長としては、不測の事態、予期せぬことが起こり得ることも想定しながら、〝路線〟だけは自らが敷いておかなければなりません。

特に中期経営計画を三ケ年、もしくは五ケ年を単位として策定する時には、〝企業の体質、改善・改革を目的〟としているだけに、次のポイントは押さえたいものです。
①どのような体質にするのか。
・会社のイメージ
・社風のあり方
・〝経営〟に対する考え方
・経営理念
②基本路線としての現事業と狙うべき新規関連分野の方針
③組織体制のあり方
・組織の目的と在り方の確認
・組織の基本方針
・会社組織と責任体制
・企画、営業体制と動き方の基本

・新事業展開のための体制

④①～③のために先ず現状認識と分析からスタートするわけです。

④における現状認識のポイントは、

例えば、

①「どんな会社が、社員にとってイキイキして、夢のもてる会社か」、「会社の方向が示されて、一人ひとりの社員が何をなすべきかが、ハッキリしている」。

・社員一人ひとりの位置づけが明確である。

・責任体制がある。

・「やれば報われる」システムである。

・〝経営参画〟の実感がもてる。

②「社員がイキイキするための源泉は何処にあるのか」

・仕事が、苦しくても楽しいことを実感できるために、自分で目標を決めて、自分でチェックできて、それを会社に評価される。

・いくらでも、深味と巾のある仕事をする道が拓かれている。

・会社そのものに夢がもて、そこに自分を合わせて自己啓発ができる。

このようなことを社長と社員が共に同じ土俵で考えることが大切です。その過程において、社長としての明確な考え方を幹部なり、社員に伝えなければなりません。社長と社員の考えをプラスして二で割るようなことではダメです。社員の考えは純粋でひたむきである場合が多く、社長が学ぶべきことも少なからず必ずあるはず。社長以外の意見を生かしながらも、社長の思いが会社全体の思いになり、願いになるように社長自らが考える計画の骨子は、大切にしたいものです。

## 2　計画づくりには、念には念を入れる

社長の思いが入りすぎたり、又、「こうあるべき」論が先行しすぎて、社員無視、現場無視の計画が出来てしまうことも多いようです。

当然のことですが、自分が計画づくりに参加していなければ、出来上がった計画への責任感も思い入れもある筈がありません。

計画を作成するに際しては

①目標数値に妥当性がある。（対前年比、対競合関係比、そして、なぜこの数値が必要なのかの理由づけ）

②数値構築のための根拠は明確である。

③やるべきことが〝定型的業務〟と〝挑戦するための業務〟とに区分けされて具体的である。

④実行レベルでのチェック・確認体制が出来ている。
⑤出来る限り、可能な限りのメンバーの参画を求める。

名古屋のF社では、新入社員も参加して、一泊二日の合宿を二回重ねての計画づくりをやります。社員が四十五名だからこそできることかも知れませんが、時間と費用をかけて、何よりも社長の考え方があって、初めて実行できることですから、「立派」です。

「念を入れる」というのは、何も細かい市場分析、顧客分析を微に入り、細に亘ってやることを指していません。インストア・シェア分析、ライバル分析を、それこそバカ丁寧にやることを、「念が入った」と思ってもらっては困ります。

〝計画〟は、社員に対して、「さぁやるんだ！」という気合いと魂を入れるためのものであり、会社にとっては、経営するために必要な資金を生み出すための基盤づくり、実践するための羅針盤である活動計画の基本となるものですから、文字通り〝念ずる〟べきものでなければなりません。

だから、計画づくりの過程を大切にしたいのです。計画に魂が入っているか否か、社員の一人ひとりが計画に対して愛着心を持つか否か、計画の進捗状況を自分の喜びとし、又は痛みにするかはすべて計画の過程にあります。

計画づくりに魂をふきこむためのポイントです。

①計画は2種類に分けて作り、ルールに基づいて業績配分をする。

A計画＝社長の承認する計画のアウトラインに基づき、部門長と部門メンバーとの間で自主的に作成するもの。

B計画＝会社を維持するために絶対必要であるという全社基本計画に基づき、作成する。

会社として作成した計画〈A－B＝差額〉を業績配分源資とする。

②①で述べたB計画の達成があってこそ会社の存続が初めて可能あるということ、このB計画達成によって会社としての経営計画が達成され、会社の方針に基づいて、めざした方向への実現に一歩近づくことを理解できること。これは、A計画の未達成により業績配分が少ない結果になっても、「会社の発展を社員の喜びと出来る」、という全社員共通の喜びを一体化するため。

③計画は粗くして、仕事をする単位である組織をなるだけ細かく分け、一人ひとりの社員が、目標、計画に対する達成度合いを理解できるようにする。それは、計数によって仕事の達成度を表すことのできない部門でも同様。
④業績配分については、業績を上げた部門は当然としても、そうでない部門や、間接部門にもそれなりのチームワークの保てる配分のできるルールにしておくこと。当期において上手くいかなかった部門の次期への発奮材料にすることができる。
⑤自分で自分達のことを考え、あくまで自主的に部門経営、会社経営に参加できる形をとる。

## 3　年度計画はスタートが肝心

権威のない経営計画とは、達成してもしなくても別に大した問題にならない会社の経営計画です。

社長の気休めだけのためのものなら、それはそれでよいのでしょうが、そんなに甘い計画は〝経営〟という観点からすれば、反って邪魔になります。なぜなら、年度利益計画に基づき、全社的な投資計画、開発計画を含む資金計画が作られるからです。

年度利益計画をつくるのに、新年度に入って、まだ各部門毎の集計をしているようなことはありませんか。

又、新年度に入って、三ヶ月も経過すれば計画書が机の上から、机の中へと居場所を替えてしまい、四ヶ月もすれば、誰も見向きをしないようなことになってはいませんか。

百米競争と同じで、短期勝負をかけなければならない年度利益計画はスタートが肝心です。スタートを切る前の周到な準備、トレーニングが大変重要なのです。重要というよりは、この段階ですでに「勝負あった」ということです。

スタートが大切であるからには〝準備〟がキー・ポイントです。〝準備〟と言っても、突然新年度が始まるわけではありませんから、新年度に入る前の年度で、出来なかったことや、これからやるべきことをハッキリとチェックしておき、その内容を更に具体的に、わかりやすくまとめ新年度に備えることです。又、新年度に向けて、実際行動を起こすべき事項については、先に手を打ち具体的に動いておくことです。それが〝準備〟ですから、準備とは、何もしないで新年度に入って初めて行動を起こすようなものではないはずです。

そこで、新年度に入ればどうするべきでしょうか。

月間目標を〝計画であるから〟といって、一ケ月が終わるのを待ってチェック確認しても、それではすでに手遅れです。

月間目標は週間目標、日々の目標の積み重ねです。積み重ねであるからには一日一日を大切にしなければなりません。そのためには社長自ら、部門長自らが日々のマネジメントをしっかりやることです。

年商二百四十億の飲料メーカーの社長は、「新年度に入って丸二ケ月間は、部、課長と廊下で出会う度に、計画の進捗度を確認します。一日一回と言わず、二回でも、三回でもやります。丸二ケ月、とことんやります。二ケ月が無事すめば、あとは、一旦動き出した車と同じで、時々アクセルを、時にはブレーキを、と踏み分けていけば、部門長と呼吸を合わして、苦しいことも楽しくやれますよ」と言います。

又、計画そのものが上手く進行していかない時、社長としては直ちに躊躇することなく必要な手を打ち、時には計画そのものの変更にも勇気をもって処すべきです。

〝計画〟は、何せ予測のつかないことを〝計画〟することも多いわけです。怠けていてするべきこともやらずに、決めたことも守らずに〝未達成〟なら計画の変更など、とんでもないことですが、理由さえ社長が納得できれば、計画変更も又仕方のない時がありま す。

しかし、生半可な理由で安易に計画変更するよりは、たとえ、〝未達〟であっても、そのまま当初の計画を生かしておく方が、部門長や社員にとってのプレッシャーとなるだけ、プラスであるとも言えます。

年度利益計画は、とにかく二ヶ月目迄が勝負です。二ヶ月間計画未達成が続き、なおかつ先行きの見通しがつかなければ、社長が介入することも是としなければなりません。その時は、介入された部門の長は、部門長をしての存在そのものを社長からも、部門からも、部門のメンバーからも否定されたということです。

社長は冷静に、かつシビアに早く対処すべきです。

## 4 Ⓖ—Ⓟ—Ⓓ—Ⓒは©が生命線

〈P＝計画、D＝実行、C＝確認、A＝アクション〉の循環をマネジメント・サイクルと言います。マネジメント・サイクルは目標に向かって、〝計画〟があり、その計画に基づいて実施したかどうかの確認をすることにあります。

〝目標〟を設定して、そのための〝計画〟づくりまでは、どこの会社でも、やっていることです。

Ⓖ＝〝目標〟設定に際しては、会社として、一年後に到達すべき数値目標と合わせて、業績配分である決算ボーナスの額までもが設定されるとなれば、幹部も社員も喜々として作り上げるもの。

ところが問題は、「計画通りに決めたことをやったかどうか」のチェックすることが抜けることとです。目標の設定も、計画の作成も、すべてが〝実行のため〟にあることを忘れてしまうのでしょう。チェック、確認が入るか否かで、決めたことややるべきことを実践できるかどうかのすべてが決まってしまいます。理想としては、チェックなどしなくても上手く進捗することですが、そうもいかないのが現実です。

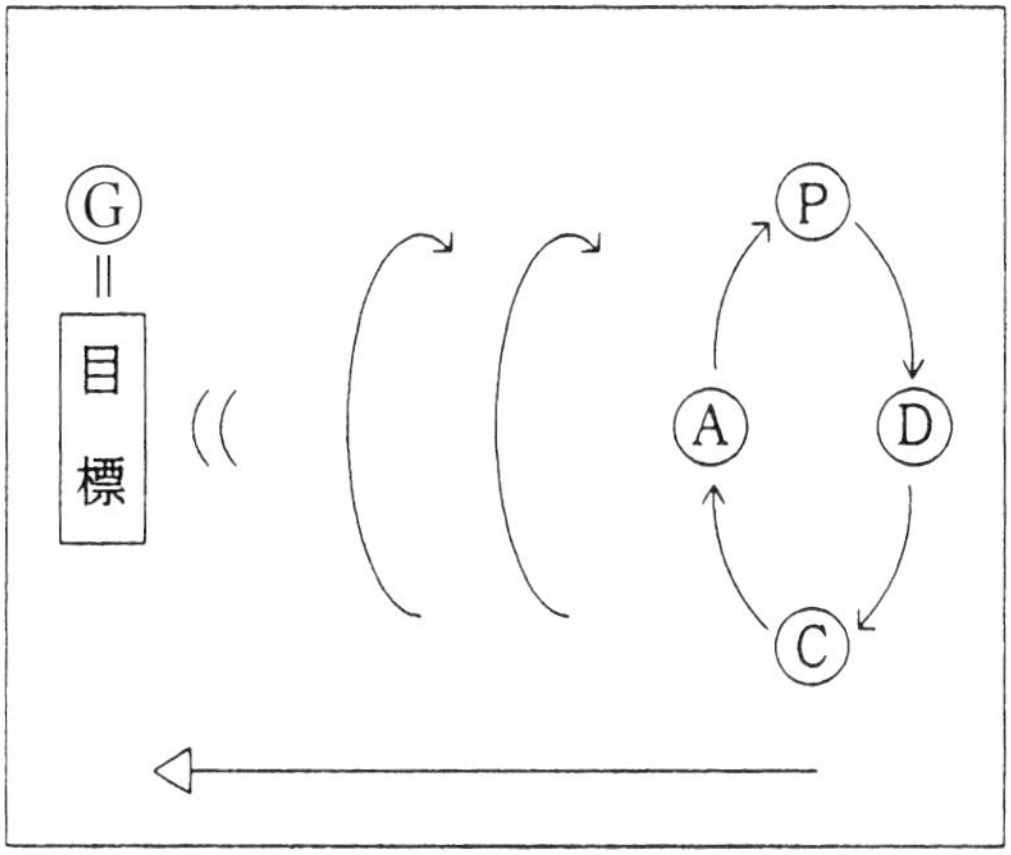


チェックすることの大切さは

①決めたことが出来ているか否かを知ることができる。
②予測できなかった事態に対して別に新たな手を打つことができる。
③計画はしたが、実行段階で難しい局面に対した時、適当なアドバイスが出来る。
④チェックすることで「すべきことや決めたことをやっておかないと格好がつかない」とメンバー同志が確認しあえ、そこでリズムが生まれる。
⑤メリハリをつけた緊張感のある日頃の仕事ができる。

具体的なチェックの方法、考え方としては
①年度利益計画づくりに参加した者に対しては、「参加した」という事実を前提にしてシビアに果たすべき責任を明確にする。
②予め、年度利益計画で決めた業績評価報酬ルールを求めに通り、基準通りに運用する。
③通常の月給も、能力給の要素を入れた仕組みにしておく。(世間標準と比べて同レベルの水準をベース賃金としておき、その上に能力給要素を加える)
④出来ないことの理由しか述べられない幹部はラインから外し、専門職としての経験に

よって力を発揮してもらう。（ドラスティックな人事）
⑤その上で、出来るだけ、若い人、旧いカラーに染まり切っていない人材をラインの長に登用する。（思い切らなければダメ）
⑥業績の結果が出てしまってから、裁判長のような立場や言動でチェックするのではなく、あくまで過程において親切でキメの細かい指導をする。
⑦過程における指導とチェックは顔と顔、額と額をつけあうぐらいのマン・ツウ・マンの方法をとる。
⑧済んだことのチェックが目的ではなく、〝現在〟を上手く進めるための手段であることと、実行することが人の能力アップにつながるということを確認する。
チェックすることは会社と人の成長のために〝現在を明日につなぐこと〟になります。済んだことをネチネチやっていても仕方ありません。お互いが暗くなるようなことは止めて、思いっ切りダイナミックに前向きの気持でやることです。

部下に対しては、時には、ゲーム感覚の指導をするという工夫も必要です。

## 5 会議の多さはコミュニケーションの悪さ

昼の真っ只中に延々と続く会議、ミーティング。私共もよくそういった会議に付き合わされることがありますが、充実感一ぱいの会議と、「いいかげんにしてほしい」と思う時の会議の両方があります。

会議の多い会社は、

(1) 社長や部門長の情報収集の場になっている。

(2) 日頃の部門内、部門間の意思疎通が悪い。

(3) したがって、情報、課題、やるべき事の共有化ができていない。

の三つが理由の大半。

要するに組織の左右、上下の気持や情報が通いあっていないということです。

〝会議〟というものは、組織内にあっては、極めて大切なコミュニケーションの道具なのですが、上手く機能してる例は、そう多くありません。本当の会議を通じてのコミュニケーションとは、参加者が〟必要なことを必要なだけ、必要な時に、必要な人〟とどれぐらい意思疎通できるかということです。

会議の中で、一部の人が一部の人と話をしている内に時間が延々と過ぎていく。その間、他の人はジーッと我慢の子をしているわけで、時間生産性からいっても本当に勿体ない話です。〟コスト〟に関して、厳しい社長なら、こんな馬鹿げたことはしませんし、〟経営経験〟できたえた社長の〟気持ち〟が許しません。

例えばダメな会議の共通項には、次のようなものがあります。

①決定事項が明確でない。
②決定しても、期限や担当部門、担当者が不明確
③決定事項の実施チェックにおいては、決めたことができていなくても、そのままウヤムヤになってしまう。
④討議すべきことの内容が提案者の一方通行になってしまったり、的がしぼれていない。
⑤社長の独演会や報告会になってしまっている。

⑥日常のコミュニケーションさえできておれば、議題にしなくてもよいものを、長々と討議している。

会議をしなくても、全メンバーが揃わなくても意思疎通のできることは多いはずです。会議は＜問題・課題の討議＞と＜情報の交換＞をすることが大きな2本柱です。その中でメンバー同志の意思疎通と統一が必要なことに限り、会議にはかるべきであり、報告ですむことは報告だけにすればよいわけです。

一番良いことは会議をやらなくても、日頃のコミュニケーションで充分に意思の疎通がはかられていることです。どうしてもメンバーの意見を聞きたい時は、事前に課題を知らしておき、参加者に充分な内容吟味をする時間をとっておくことが必要です。もしくは、主要メンバーの個人的意見を予め、聞いておくことです。その上での会議なら有効な意味のあるものになります。

会議と日頃のコミュニケーションのコツは

(1) 同じメンバーが顔を合わす会議は月一回とし、一回当たりの時間も3時間を限界にする。

(2) 仕事の〈報・連・相〉で充分に賄える情報の交換は、その都度キメ細かく行う。

(3) 部門内のミーティングは、イスを用いず、立ち話で済ます位の習慣をつける。

(4) 個別の打ち合わせ、例えば営業企画をするための営業担当と商品企画、販売企画とのミーティングは、会議室へ入りこまず、オープン・スペースの机で行う。会議室を用いる場合も必ずオープン・ドアで開放的な場所にする。

(5) 本社から離れた拠点、例えば支社が札幌にあるケースでは、本社の営業部長、販売企画スタッフ、総務スタッフが直接支店に出かけていくことも三ケ月か六ケ月に一度の頻度で、必要。

(6) 会議では、議長を担当する人が、予め議題や、前回決定事項の確認について、必ず当該担当者との間で打ち合わせをしておくこと。(短時間リズム運営のコツ)

(7) 特に前回の会議で決めた事項が実施できていない時は、シビアに対処する。

## 6 モノとカネの出入りは社長が制する

企業規模が大きくなってきても、社長自身はカネの出入り、モノの流れを十分に把握しておかなければならないという意味です。小口現金の出入りまで見てほしいという意味ではありませんが、モノとカネの流れを社長自身がよく把握しているということは、〝現場〟に詳しいということにも通じます。

一般的に、社長という立場にある人は、日頃の経営の中で直感的にモノとカネの流れをよく知ってはいるものですが、時としてカンの狂っていることもあります。私共エデュースでは、〝BASS《バース》〟という名称のビジネス・シミュレーション体験研修をおこないます。実際の自社の現状をベースに考えての一種のビジネスゲームです。ここでは資金の流れやモノの動き、ヒトの動きをすべて計数化します。シミュレーションの中で思わぬ在庫のロスやヒトの不効率を目の前にして驚かれるトップも少なくありません。

資金構造の根本問題は損益構造です。損益の構造の中に、売上高、粗利益高（率）、経費、在庫の問題があります。

この中に社長自身が直接しっかりと把握しなければならないポイントがあるのです。

たとえば、

**売上高**

①売上のための仕掛け、販促をどうするか。チラシの書き方は、一枚当たり単価は、テレビのCMのやり方は…。

②問屋ルートから直販へ。専門店ルートからディスカウント業者へ…。

**粗　利**

①商品仕入を安く上げるために加工は外国で…。

②流通コストを下げるために、倉庫は海外へ…。

③外注品を内製化に…。

**経　費**

①一人当たり売上、粗利高は他社と比べて…。

②販促効率の限界、効用把握はどうか…。

③償却と投資のバランスは…。

**在　庫**

①有効在庫の平均値と現状のバランス。

②〝生き在庫〟、〝死に在庫〟、〝店頭物流在庫〟のバランス。

こういう事項の重点ポイントだけは、社長自身がよく理解しておかなければならない、特に景気低迷時には、社長が直接、現場のマネジメントに関わることも必要です。

貴金属小売で中部地方No.1のG社は、社長が社長室から出ました。そして、ワンフロアーに自分の机を置き、商品仕入担当のバイヤーを並べ、右に販促企画のメンバーを置いて、この二つの機能担当者を自分の視野に入れ、マネジメントをしています。この時期に、とても効率が上がっています。例えば、新聞に折り込むチラシの構成、字の大きさ、訴求文句の表現の仕方、そして紙の大きさ、発行枚数、単価も直接アドバイスします。

仕入れについても、仕入れだけを独自に考えるのではなく、販促担当者との連携、店舗運営責任者との打ち合わせを経て、バイヤーが初めてメーカー接渉に入ります。その時に、双方に迷いの生じた時は、社長が判断するようにしています。

全社年度利益計画は、資金計画と密接に連動していますから、先に述べたような社長が把握すべき損益構造のポイントには、各々売上高をベースに置いた仕入れと在庫の許容範囲を平均値として決めています。

社長がモノやカネの流れに対して、ビシーッと自分の考えに基づいた、基準を〝決めて〟いないと、際限なくダラシなくなり、経営にもメリハリを無くすもの。出入りには十二分の注意を払わなくてはなりません。

## 7　リスクのある仕事はトップ自らが手をつける

これは当たり前のことだと思うのですが、案外他人まかせの場合が多いのです。特に経営が順調な時にはリスクのある事業や仕事をする時の緊張感は欠けがちです。集中力を欠き余裕をもってやった仕事にはロクなことがありません。

リスクのある仕事はトップ自身が自らやるか、もしくはトップと四六時中コミュニケーションがとれるようにした上で幹部にまかすべきです。

リスクの程度にもよりますが、社長が自ら手を下すべきだという理由は、

①その事業、もしくはその仕事をしようと意思決定をするのは社長であり、意思決定のための根拠になる情報は社長が一番よく握っている。

②社長なら「捨てるものは捨てる」「付加すべきものは付加する」といった思い切った手を打つことができる。

③有為な人材だからこそ引き抜いた外部人材にながす場合、その人にまかすことによっ

て、社内で孤立さし、失敗した時には、潰してしまうことにもなる。
④本来、誰が見ても社長がすべきことを、幹部にまかせることで、社長への不信感を持たすことにもなりかねない。
⑤社長としての立場で関連部門や幹部への根回しをしておけば全社的な協力が得られやすい。
以上5点が社長自らリスクを負うことにより、会社としてリスクある仕事に手をつけられるという理由ですが、どうしても他の人にやって貰わなくてはならない時には、次の点に留意したいもの。
①「この仕事や事業は全社的視野と、将来的視点から検討しても、どうしても会社としてやらなければならないことである」旨の意思を、社長がアピールし、幹部間の意思を統一しておくこと。
②A部長にまかせるが、社長の強力なバックアップがあることを本人に伝え、他の社員にも理解して貰っておくこと。陰でゴチャゴチャ言わさないように。
③仕事の結果の責任は、社長とA部長の双方が、最後の最後は社長がとることを明らか

にしておく。

④だから、どんな些細なことも、A部長は社長に対して（報・連・相）をやり切る。責任と義務のあることを、確認しておくこと。

⑤A部長にとっても、この仕事を上手く立ち上がらせ、基盤をつくることが自分自身の大きなプラスになることを確認すること。

社長が自らやる時は当然のことですが、他人にまかす場合でも、社長自身の思い入れがあり、フォローすることがきわめて重要です。

会社の大小に関係なく、社長のやることは、全社員が息をつめて注視しています。舞台の上の役者の一挙一投足のすべてが何百人の観客の視線を浴びているのと同じです。

だから、何れにしても社長は勇気をもたなくてはなりません。リスクへの挑戦なくして会社の明日はあり得ないのですから、その先頭を切って社長が勇気をもち、自らの士気を鼓舞し、挑戦することが組織活性化、人材育成のための重要なポイントになります。

## 8　社長が経験してきたことをまかせていく

年長者が若者を見る時、「いつか我々も通った道だから」とあたたかく思いやるものです。

社長が幹部や社員の考え方、やり方を見る時に感じることも又、「昔、自分も経験したこと、やってきたこと、失敗してきたこと」という風に見ることができるということだと思います。

経営の原点は三チャン経営だと申し上げてきています。「社長はマネジメントが出来ればよい」という人も居ますが、マネジメントをするためには、〝経営〟のなかのすべての仕事をこなした経験があるか、又はザーッとでも知っている必要があります。

社長が自分の出来ないことを社員に求めたり、やらせてみたり、過去に自分が経験していないことを安易にまかしてはダメです。化学実験にあたっては、〝実験済みの原理〟ということがありますが、経験についても同じことが言えるのです。

会社として同じ過ちを犯すということは、個人が同じミスを何回も繰り返す馬鹿さと同じぐらい愚かしいことですが、〝会社〟であるだけに、全体へ及ぼす影響の罪は大きいものです。

経営というものは年々、日々の〝積み重ね〟ですから、失敗したこと、上手くいったことの経験の蓄積が会社の厚みになります。会社としての経験をトータルとして全体的に把握し人間としての体質にまで、昇華さし、自分のものにできているのは、社長をおいて他にはありません。

社長が経験してきたことをまかす場合に、大切なことは、

①基本的なことは繰り返し、繰り返し本人に確認すること。例えば「回収が終わって、初めて売上が立つ」「ビジネスマンの本質である〝誠心誠意〟を行動で表す」。こういった当たり前のことや教えたことが出来ていないと思ったら、直ちに現地現場主義の考えに基づいて、即刻、指導する。決して見逃さないように。

②まかせた仕事を遂行するための意義と、その大切さを説く。

③まかせた事をやり切らすためには、「まかされた」意味と組織に対するロイヤリ

ティーと、仕事を果たすためのファイティング・スピリッツを徹底して教え込む。

④社長の基本的な考え方とやり方から大きくズレていない時には、やりたいようにやらせる。（当然、報・連・相を前提とする）

⑤社長は経験しているからよく解っていることでも、まかされた本人には、すべてが初体験のことも多く、したがって拙速よりも正確で丁寧な仕事をすることを旨とし、そのためにはガマンをすること。

特に教える方の経験が豊かであればある程、短絡的に考えてしまい、「そんなことが何故出来ない、解らない！」と思ってしまいますが、④⑤を大切にしてもらうことが人材の育成には大きな助けになります。同時に社長にとっては、度量が大きくなるための訓練でもあるのです。よく私達も二十才代の頃には、先輩に言われたものです。「一つひとつ、上へ積み上げていきなさい。石をブチまけたように、いくら横へ並べてみても、ころがしてみてもそれは蓄積にはならない。蓄積にならないということは力が上へ上へと伸びていかないということであり、それでは一生、地面の上を這いつくばっているだけになってしまう。」と。

社長の経験は会社にとっても実験済みの原理です。その原理、原則をしっかり教えこむことにより、社長が安心してまかすことの出来る基本が出来上がります。その基本に立ってさえくれれば、一人ひとりが発揮する自由自在の創造性と個性の発揮と、新たな、まかされた人の経験が蓄積されて、人材の育成イコール組織的な積上げと動き方ができることになります。このような、会社としての組織の充実が更に大きな会社の将来に対する可能性をもたらすものです。

## 9　文鎮型組織が基本

組織の形態として、ピラミット型あり、マトリックス型あり、アメーバー型ありで、いくらでも考えようによってはどうにでも、形だけならばつくれます。

少なく共、〝組織〟は「目標を全うするための闘う手段であり、仕事の分担と責任の所在を明確にするもの」であるからには、誰が見てもわかり易く、シンプルでなければなりません。

そのためには、例によって三チャン経営の基本である∧仕入↓販売↓経理↓企画↓∨といった組織におけるいろいろな仕事（機能）が、社長の手で一手に引き受けられ、まとめ上げられていなければなりません。

当然、モノ・カネの出入りから販売のための仕掛け、資金のありようのすべてに亘って社長が把握しているのです。

要するに、現場に限りなく近く在り、経営に関する全てを掌握し切っていることが大切であるという訳です。

不況期や急激な拡大、成長期においては、社長のリーダーシップがワンマン独裁型である方が、全体が迷わず動けるといった意味でのメリットはあります。勿論、文鎮型組織体制のままだと、会社の拡大、成長に伴い、社長一人では組織全体を見ることに、自ら限界を来たします。だから、企業の業容の拡大に伴い、〝量の拡大は質を上げるためのエネルギーをもたらす〟べきなのです。しかし、多くの会社では規模の拡大からくる力の分散により、会社全体の活力が損われていく例も多いのです。結果的な効率のダウンです。

その根本原因は、文鎮型組織による経営が先ず徹底され切っていないことに在ります。

文鎮型組織は又の名を集権コントロール組織ともいいます。

ヒト、モノ、カネ、情報といった経営資源を効率的に用いてこそ経営成果は上がります。効率を上げるための原則はシンプルな経営に徹するということであり、シンプルであるということは「わかりやすい経営である」ということです。

業容がいくら拡大しようとも、文鎮型を下へ伸ばしていけば良いのです。

文鎮型組織運用のポイントは

①社長自身が十二分に把握し切っているものをまかせていく。
②全社、部門別の会議には社長が必ず出る。
③時間をみては、社長が現場を歩く。
④ライン、即ち直接営業部門や直接生産部門を最重視し、この部門の人材を先ず育てる。
⑤事業部制や分社制を採る場合も、総務・経理のようなスタッフ部門は本社に置くことにより、ラインが不要のエネルギーを費やさなくてもよいようにする。
⑥社長自身は、自らの近くに在る幹部ばかりでなく、より現場に近い中間層の人材と接触する場をつくる。
⑦経営資料を少なく、会議も少なくし、全社、部門別にやるべきことをシンプルにし、会社のパワーを分散させない。

とにかく、地に足の着いた経営に徹するべきです。組織論や体裁にとらわれることなく、社長が自分で経営していることを実感できるやり方を推進するべきです。

## 10　中期経営計画は会社の体質改善をすることが目的

会社の経営体質とは、

①社長自身の経営に対する考え方、やり方
②対象とする市場、顧客構成、商品構成や価値のあり方
③マネジメント・システムの在り方
④社員の能力レベル、その質と層の厚み
⑤①〜④を支える組織体制（仕事の分担）とシステム運用

といったことです。

例えば現状の売上高が百億／年とします。これを五年後に、百六十億／年に迄伸ばしていこうとする場合。又は、売上高は百三十億／年を目標とするが経常利益部を現状の五％

から八%にしようとする時。この何れでもなく、業界でのシェアを現状の二倍にしたいとする場合でも同じです。

一旦掲げた目標数値が達成出来るか否か、それは目標を達成するために、どれ位の体質改善ができるかどうかによってすべてが決まります。

体質改善の結果としての目標数値があるわけです。〝量の拡大は質のレベルアップをもたらす〟、ということでなくてはなりません。

市場のシェアアップや売上目標、利益率を高くしようとすれば、少なく共、今の延長線をベースとしした上で、更に、目標達成が可能となるための多くの要素がからみ合わなければなりません。

H社は創業以来10年間で百億の年商を達成しました。社長のツメは今もなお、不揃いな生え方しかしていません。「いや血の小便が出るって言いますが、本当ですネ。創業して二年目にはピンクカラーの尿が出て、円形脱毛症にもなりました。」とおっしゃいます。このH社の社風は〝ハード〟かつ〝パワフル〟そのもので社長以下、誰もが後を振り返っていられるようなのんびりした仕事のしかたをしてはいません。

中期五ヶ年計画を四年で達成してしまったのですが、何一つ、他社に先んじて導入した格好のよいシステムなどありません。

先に〝業績結果〟があり、その後で「利益をどんな形で社員に分配しようか」が、〝成果配分システムの導入〟になり、「儲かってはいるが、あまりにもドンブリ勘定だ」という素朴な問題が〝商品別独算制事業部をつくろう〟となり、そして社長の「社員がふえてきたのは嬉しいことだが、部下に私の気持を少しでも理解して欲しい」という願いが〝必要最小限の基礎教育と、リーダー研修の体系化〟、ということに進化してきたのです。

形式を重んじ、型から入っていく会社の多い中で、H社のすることとは、世間よりも半歩遅れてやっているようにさえ見えるのですが、あく迄、「必要に応じて、必要最小限にすべきことをやる」というやり方や、他社のやっていることの結果を様子見して後に、自社にあったやり方を自分達なりに考え出しているということです。

この例にもあるように、大上段に振りかぶり、「体質を変えるためには、アレもコレもやるんだ」と思いこみすぎると、反って経営目的とはズレた方向に走ってしまい本末転倒することにもなりかねません。

少なく共言えることは社長自身が心から「会社を変えよう、体質を改め体制を固めよう」と思わないことには、何も出来ないということ。

大きく掲げた会社としての目標を「必ずやり抜こう」、と本心から思いこめば、その時点で体質改善のスタートが切られ、改善への一歩が、確実に記されているということです。

「目標達成しよう」と社長自らが燃え上がり、社員のヤル気に火をつけることが出来れば、自社の体質改善すべき点が見え、具体的な成果が上がってくるものです。

## 11 未知の分野に進出する時には慎重を期す

基本的に、社長自身が解らないこと、知らないことをやろうとする場合は、慎重でなければなりません。慎重であるべしということは、用心深くということです。優れた社長は常にリスクを考えます。あることをやる時、そのことから生ずるリスクに対して二重、三重の打つべき手を考えて準備しているものです。

新規事業を展開するに際して、コンサルタント会社や開発調査会社に対して、事業展開の可否調査、診断を依頼することがあります。

調査依頼する目的は、社長が判断に迷った時、第三者からの客観的判断が欲しい場合であり、どこから見てもそれなりの成果が期待されるものについては依頼することはありません。したがって、社長が判断に迷って依頼する件についての調査結果は、出来もしない前提条件をつけての〝ゴー・サイン〟か、大ていは〝止めておきなさい〟という結果が出されることになります。

良心的で、リスクを恐れる診断者ほど慎重にならざるを得ないのでしょうが、診断結果に関係なくデーターだけを活用するという社長もいます。だいたい、コンサルタントと言っても〝サラリーマン型コンサルタント〟に経営上のジャッジを期待する方が間違っているのです。診断結果が社長自身の考え方と一致する時でも、診断内容をシビアに判断するのが社長です。今、一部上場企業になっているH社の社長などは、上場前に診断を受け、その余りの粗末さに、診断書を見て「高料金、低内容の見本だ！」と一言で片づけたこともありました。内容がどうあれ、外部機関を使って調べることも方法の一つではあります。

社長が未知の分野に進出しようと決断するには、

①新分野に関する自分なりの研究を自分の手で直接やる。（現場第一主義）

②他社のやり方と他社の現在に至る経緯を社長自身の目と足で見聞、確認する。

③スペシャリストを社内でつくる余裕があれば、計画的に育成すべきだが、そうでない時は、外部からの人材導入をおこなう。但し、導入人材の人間性そのものに対しては、じっくり見極めるだけの時間が必要。（導入人材の育成と定着は難しい）

④導入人材に対して、社長は遠慮していてはならない。厭がられようともそんなことに気を遣わず社長自らが積極的にコミュニケーションをとる。〝経営〟という立場で話をすれば必ず相手に解ってもらえるもの。

⑤少なく共、最低限、押さえるべき市場・商品におけるライバル分析、顧客分析ぐらいは当然やっておくべき。

⑥スタート時点までのスケジュールとその内容については、社長自身が直接関与しなければならない。時として、不要の出費がダラシなく使われたり、無計画な、なしくずしの実績をつくられて、後で困ることも出てくるから。

いうならば、新規事業なり新分野に進出しようとする時は、社長がすべてをとり仕切るくらいの気持とエネルギーが要るということです。だから、やる時には、人一倍の用心深さと、思い切りが求められます。用心深さはあく迄前向きの考え方をコントロールするための慎重さであり、数値によって裏付けられた〝根拠〟によって確認し、その上での〝決断〟です。

## 12　他社の成功している部分だけを見て、真似しない

ある会社でのことです。社長室に掲げてある経営理念を見ていますと、どこかの会社のものとよく似ています。

「そうだG社の経営理念だ」、と思い当たり、後日、G社の社長に「この間、ある会社で貴社のものと酷似した経営理念を見かけました」と事のついでに話をしていました。

「そうなんですよ。あそこの社長は、何か自分で思い悩むと直ぐに電話をかけてくるのです。そして私達の経営のやり方の一つひとつを、それとなく聞き出そうとするのです。やることに可愛げがなく、教えて欲しいのなら率直にそう言えばよいものをネ…」。その後このある会社は倒産してしまいました。優秀な総務の人材を抱え、有能な人材も少なくなく、惜しいことをしました。

これは又、別の業績推移が極めて順調な会社の創立記念日での話です。主賓である地方銀行の頭取が「Y社長の卓越したリーダーシップはもちろんでありますが、Y社の導入さ

れた分社システムこそ、秘密兵器なのです」と祝辞を述べておられました。

外交辞令などどうでも良いのですが、世間では実際、この会社の成長の鍵は分社システムにありと言われています。しかし「一寸、違うナ、そんなに甘いものではない」と思いながら聞いていたもの。

世間では事業部制にしても、分社制にしても額面通りには上手くいかない会社の方が多いのです。確かに、勘定体系（お金の儲け具合をハッキリするための単位）を細かくすればする程、業績の好し悪しの原因を追及し摑みやすくできるのは間違いありません。

しかし、分社する前に、元々の本体でしっかりした精神的な支柱ができていて、システムが上手く働き、その結果が経営成果として出ておれば問題はありません。上手くいっていないのに、便宜的に「事業部制や、分社システムを入れれば上手くいくだろう」と考えて、他社のやり方を下手に真似しては、ヤケドをしています。

外から見れば〝システム〟という形のあるものしか見えません。分社制を採っているということしか他人にはわかりません。そこに至るまでの様々な社長自身の悩みや、会社が活性化のカベにブチ当たり、人材の育っていかない事実に頭をかかえて、試行錯誤を繰り返し、悩み抜いてきたことは誰にも解りません。

苦労しないで手にしたものには性根も愛情も入らないということなのでしょう。性根のすわっていないものは執念をもってシステムとして育てていけるはずがないということです。

二番煎じの商品開発をポリシーとして確立しているのなら、それはそれとして立派なことです。何も大きなリスクを犯してまで一番手である必要はありません。それならそれで、二番手に徹底すべきです。一番手の商品に若干のアレンジをして付加価値がつけられれば、これも又開発力なのだから。

しかし、経営のやり方については、その百%が社長の考え方、哲学を基盤としているだけに、精神的な裏づけや会社として、一本筋の通った社風が背景にないのに、安易な他社の真似事に走ると自分を見失ってしまいます。

他社の事例の中に、我社も導入したいという考え方や、やり方があれば、そのやり方の奥に秘んでいる成功企業の核心部分を探ることです。勿論、原点は相手の会社の社長と、自分の本質部分の比較において…ということになります。全く同じ考え方とやり方など、あるはずもないのですが……。

経営のやり方、システムの在り方というのは、ハウツウではありません。それは限りなく社長自身の在り方、考え方の核心部分そのものであると言えます。

## 13 ㊞は二つまで

大手企業、それも社歴の古い会社からの出向者や銀行からの出向者が総務や経理部門の長としておさまると、その途端にリンギ書の中に承認印欄の数が増えるようです。特に、社長に見識がない時には、顕著です。

㊞の数は責任逃れが出来る数だとも言います。責任転嫁の出来る分だけ、何かの時の原因追求や責任の所在を明確にして、その上で新たな手を打つ場合のポイントを曖昧にしてしまいます。何よりも起案者の責任逃れに使われてしまいます。

又、リンギ基準を金額で決める会社がありますが、これも間違いです。

承認印の必要な場合の基準は、

①たとえ少額とはいえ共、毎月毎月、継続して支払うべき類のものは担当長を通じて必ず社長の決裁とする。たとえば弁護士や税理士への顧問料は当然として、その他、定期的に支払うべきものは、下げるに下げられないから、用心すべき。

②新規取引先に対する取引の可否と、取引条件の変更。（手形と現金の比率、値引き、サイト延長…等）営業担当は、ついつい日常の仕事の中で安易に流れるから要注意。
③通常在庫の基準を越えたり、下廻る時の申請書類。
④年度利益計画を達成するために予め必要だとされ、すでに決定している事項以外のヒト、モノ、カネの出入りに関するもの。（例外事項の処理）

経営活動のすべてに亘って社長自身が事前にチェックすることは不可能です。しかし、予め定められた〝基準から外れる事項〟や〝例外事項〟として発生したものは、先例をつくってしまうだけに慎重でありたく、したがって社長の承認印が必要です。

社長の承認印と直属の長の二人の㊞があればよいという理由。
①現場が必要とする事項について、出来るだけ短い時間内での処理が可能である。（パイプが短くて済む）
②社長自身がより早く、より現場に近い処で、社長の承認印を必要とする事項についての理解が可能となる。

③前の②により、社長の承認を必要とする事項について、社長と担当者の間では、より身近で丁寧なコミュニケーションと対応ができる。

④〃権威〃という形式だけのことで処理することの危険性が少なくなり、より実質的で真剣なビジネス・パートナーとしての関係になり得る。

⑤社長と担当長、担当者間のコミュニケーションがよくなるし、文鎮型組織のメリットが経営に反映しやすくなる。

ではどうすれば、承認印は二つで済むでしょうか。

①組織の原点である文鎮型組織を組織づくりの基本とする。（屋上に更に屋を重ねるような形式的なものにしない）

②仕事の分担と責任の所在を明確にしておき、その範囲での裁量権を決めておく。

③部門長、社長は共に、現場を十二分に把握しておく。

④＜担当者↔部門長↔社長＞間における信頼関係をつくっておく。（基本は報・連・相）

⑤定型業務を中心として〝まかすことができる人材〟をしぼっていき、社長の分身といえる人に少しずつ、まかしていく。

判を押すということは、書類という形に表われた根廻しの方法の一つです。安心して前向きに仕事を進めるためのコミュニケーションのやり方の一つであり、後向きの〝リスクヘッジ〟をするためではないのです。

## 14 〝的〟をしぼって一点集中突破

やるべきことは沢山あります。だからと言って多くのやるべきことを羅列してみても、一挙に事が運ぶことはありません。

出来ることから、もしくはやるべきことから一つひとつ実行するのです。それを続けるのです。大きなことを考えて、一発、起死回生のホームランを狙うことの愚かさは、よくわかっている筈なのですが、ついつい他人のやっていることに、目も心も奪われることも少なくありません。

食品メーカーのK社は、大手企業が少しずつ、シェアを伸ばしている中で六年前から、徐々に売上を落としていました。

四年前に大手商社の常務を当社の専務として迎え、営業方針をシンプルにし、営業活動の的をしぼりました。要するに従来は大手食品メーカーに伍して、同じやり方で対抗しようとしていた訳ですが、資金力、販促企画力、ブランド力の差はいかんともし難く、大きな壁に当たっていたのです。そこでK社は、販促費を、テレビのスポットのみに絞り込み、問屋依存の営業体制を直販かと思い違う位の末端小売店の開拓に的を絞り活動を始めました。専務は独自の人脈をつかい、自分が昔から開拓してきたルートをK社用として使い、先方小売店へのトップ営業に徹したのです。

社長自身は商品開発に関する能力が抜群であるだけに、不得意な分野を専務にまかせ、自分は決裁することに徹しました。専務のやり方を見て学んでいる営業マンの第一線における活動のやり方は様がわりです。

従来は、メーカー営業マンとして、月に二～三回問屋に行き、自社品の在庫確認をして、不足分を充たして返ってくるだけというやり方でした。それが、専務のやり方を見たり、専務の指導を受けながら、コンビニエンス・ストアや自分で中小スーパーを攻略する楽しさを実感し始めたのです。勿論、地道に続けてきている最少経費をかけたテレビCMもバック・アップしてきていますが、何よりも、売れ筋商品を次から次へと作り出す商品開発能力があったことが、大きな支えになっています。社長の大きな器の中で、専務が営業の的をしぼり活動を始めて三年目にして大きく花開いたのです。何といっても他社が対前年比百％を割っている時期に百三十％の伸び率です。

「顧客の開拓、新商品の開発」と言っても、何もリスキーなことを特別にしなくてもよいのです。他社で千円の商品を八百円で開発することも商品開発ですし、従来の専門店ルートから量販店ルートを新たに拓き、その一つひとつの商談をまとめていくことが、顧客開拓です。

「雑魚は磯辺で遊べ」とも言います。大手のやり方を真似て、まともにぶつかっても勝ち目はありません。大手のスキ間、それは品質・価格であり、ルートであり、エリアでもあります。そこを狙って進出すれば、中小企業の〝小廻り〟〝対応力〟を生かしてまだまだいけるものです。

〝的をしぼって一点集中突破〟と言いますが、それが可能となるには、社長自身が自社の生きる道についての確かな方針と自社に対する存在価値観をしっかりと持っていることが必要なのです。

限られた経営資源をどう用いるか。それは自社の力をわきまえた上で、どこに、どのように力を集中させるか、に尽きます。

## 15　下へいくほどやるべきことをシンプルにする

複雑な指示や命令は、必ず現場で混乱を来たします。

営業会議において、売上の未達成を指摘されますと必ず出てくるのは、〝言い訳〟です。未達成は未達成であっても、本当に真剣に取り組み、するべきことをやり尽くしての上なら、未達成の理由が必ず明日につなぐための代案なり、提案として出てくるもの。

「ダメでした！」が、ダメだけで終わってしまうと何も明日につながるものが残りません。そんな甘いことで終わらすから業績は上がらず、人材も育たないのです。現実には言い訳を言えるような小難しい理屈や指示の仕方、目標の与え方をしていることも少なくありません。

一人の担当者に「既存店を守れ、新規を取れ、売上百％以上の達成、粗利は百％の目標必達、回収は勿論百％」、の指示では困るのです。例えば〈粗利と回転〉の相乗数値が成果の判断基準なら、粗利の大小、回転の多少にだけこだわっていてはダメです。一つひとつにこだわりすぎると、一方の出来ない理由を必ず見つけるもの。

営業マンは予め決められた商談上の限界粗利率があれば、それを基準として粗利とコストロールを自分が出来れば良い訳ですから、あとはひたすら、売上をとるためにだけ、全力を傾注できるようにすべきです。

回収に問題があれば、本社の経理が集計コントロールし、営業担当に対して直接のサポートをすれば良いわけです。

少し次元は異なりますが、会社を分社する場合も、分社した会社の責任範囲を〝営業部門だけ〟に限定したほうが効率は上ります。分社された方は、総務・経理・人事等のスタッフ部門を持った方が分社独自の道を自らがつくり出せて、面白いし、人も育てられますが、経営効率と言う点から見れば、極めて不効率なやり方になってしまいます。会社にとっての命は〝つくること、売ること〟にあり、この機能が少しでも弱くなるか、阻害されるような仕事を分社自身にやらすべきではありません。経営者人材を分社によってつくろうとするのは次のステップです。

まさに〝シンプル・イズ・パワフル〟です。

指示・命令を受けた方に、やるべき仕事の責任範囲と内容をあやふやにすることで言い訳や、言い逃れのできる余裕を与えては、業績も上がりませんし、本人のためにも、その部門全体の成長に対しても阻害要因を与えてしまうことになります。

アパレルメーカーF社の社長の話です。

「とにかくアレもコレもと細かい要求をしないことが現場の力を発揮させるコツです。『君は部門の売上目標を達成することだけに全力を挙げればよいのだ。何か困ったことや問題が起これば、直ぐに私の方へ持って来なさい。私が全面的にバックアップし、協力するから、安心してやってみなさい』と言うのです。」「これが一番、動きやすく、働きやすく、彼らの成長の芽を育てる方法だと思っています。」とのことです。

多くのことを求めるのではなく、一つのことが出来るようにしてあげること。それが自信を持たすための良い方法です。階段を上る時と同じように二足、三足飛びの無理を重ねると、結局長続きはしません。

## 16　月次決算は、締後五日以内完成が生命

ある会社の経営診断で月次の試算表が半年後の完成であることを知り、驚いたものです。半年間は、社長の経営がレーダーなしの運転であるということです。いくら勘の鋭い社長でも、数字で確認しないと確たることは解らないものです。「資金繰りは毎日のことだから、これを見ておけば月々の損益状況は把握できる」、「工場を出ていく製品の数量を押さえていれば、おおよその業績は判る」…これも正しい考え方でしょう。

しかし、社員はカネ、モノの動きを社長ほど敏感に捉え、現状を理解しているわけではありません。

わかりやすい経営とは、誰が見ても理解できること、損益の状況が数字でわかるような仕組みになっていることです。

半年に一回の税務上の中間申告を前にして、半年分の伝票を整理する…。先月の売上や利益状況が一ヶ月後でないと解らない…。では手の打ちようがありません。在庫の実数も

数えないから、確たる粗利益もわからないようでは困ったもの。

月次決算が締後五日以内に出来ない理由は、
①社長自身にやる気がない。
②在庫を拾う時間が惜しいと思う。
③日々の営業活動、生産活動を一つひとつ伝票につけ、集計する習慣がない。
④〝管理〟に使う時間を勿体ないと思う。
要するに社員数が100人を越えても、やり方は行きあたりばったりの、ドロナウ式経営のやり方そのままであるということです。

〝経営上のレベルアップ〟とは、社長自身は勿論のこと、幹部・社員の全体レベルがカサ上げされることなのです。一部の「言わなくても理解できる人材が伸びること」ではありません。

会社は成長する度に人材、システム、仕事のやり方の〈標準化→専門化〉、がレベルアップしなければなりません。

中でも計数によって経営成果を知ることのできる月次決算は、経営管理システムの標準化のために一番重要なものです。

その重要さを確認しますと、

①月次決算は月次の経営成果をクールに表す。

②月次決算は、会社の問題点を浮き彫りにするレントゲンである。

③月次決算は、来月、再来月、半年後に向けて、前へ進むための羅針盤であり、海図でもある。

④月次決算は一ヶ月毎の経営のリズムである。

⑤月次決算は、問題点と課題に対処するための社長、幹部間の意思統一のベースとなる。

⑥月次決算をベースとしての三ヶ月先行業績予測が、より正確な資金繰り計画になる。

月次決算が早く出来ない時、「在庫を毎日、毎月調べるのが大変」とか、「やらなくても大体は私が理解しているから」という人もありますが、カネとモノの出入りを日々、月々、充分に把握していたあの三チャン経営の時には〝日次決算〟を当たり前のこととしてやり切り、体で実感していたことです。

だから、やっていない、出来ていないことが異常なのです。

経営感覚のある幹部を育てるためにも、必ず締後五日以内の月次決算をやり、情報が腐り切らないホカホカの内に経営に生かしたいもの。

二十年前に過大投資で倒産した、機械メーカーの経理部長が「次の社長になる人は、せめて月々の試算表ぐらい読める人であって欲しい」と言っていたことを、昨日のように思い出します。決算書を読める社長は、決算書の大切なことを知っているから、早く出来上がることを求めます。だから担当者はやろうとします。

〈注〉現在、ＰＣ機能の進歩は会社も日々刻々の入力があれば月次決算どころか、日時決算を即時に実現します。

## 17 「これは」と思えば、社長が介入する

社長の立場に在る人は、部門の経営に問題が生じた時、自分が介入すべきだと感じた時には、熟考に熟考を重ねて、即、入っていくべきです。

性分というものは誠に悲しい性で、とにかく他人のやることを一つひとつ見て、「私ならこうするのに…」、「あんなやり方で上手くいく訳がない」と先の先まで読んでしまいます。社長の読み、これが又、当たるケースも多いのです。

「他人にまかす」ということは人が言うほど簡単に出来ることではありません。それでも、まかしていかなければ組織として成っていかないから「自分がやらなければ…」と思いつつも結果として他人にやってもらうことになります。

遠慮をしていては全体をダメにしてしまいます。経営は実践であると同様に、経営はイコール実態なのです。実際に問題があれば、当然のこととして、社長自らが前へでなければなりません。実態を見て判別すべきです。

社長に、「組織の長として私が介入することで、代えられた部門長が会社を辞めると言うなら、それでも構わない。最後の最後まで、私一人になってでもやり抜いてやる！」位の気概・迫力がなくて何が社長だ、ということ。

F社の社長は、「部門の長にモノを言う時は気を遣います。ここ迄言ってしまえばオシマイか、と悩みます。しかし言わなければならない時は夜に眠れないことがあっても、肚を決めて必ず言い切ります。」と話しています。そしてこの社長は自分の身内でもあるA部長の不正のちょっとした臭いをかいだ瞬間に解雇という厳しい処分を下しました。身内の人には他人に倍するだけの一生懸命さを求め、清廉さを求めてのこの結果ですから、在籍させておく訳にはいかないというわけです。一般社員からすれば「それ位なら見逃してやっても…」と思える程度でもこの処分ですから皆が皆、この社長の厳しさに身のすくむ思いをしたものです。

そして、自らが部門の長を兼任し、元部長A氏の部下に三年後、権限を委譲したものです。

「『これは』と思えば介入すべし」という時のガマンの限界は、社長一人ひとりの性格、やり方によって基準は異なりますが、次のような事態の時には、一考すべきでしょう。
①部門長が不公正であると思われる事やモラルを疑われるような事をやった時。例えば、バックマージンを取る、異性問題が周知されるに至りスキャンダラスになった、会社の公金を私用に使用した、…等。
②業績が芳しくなく、本人の見通しも甘く、何の手も打とうとしない、出来ない。
③部門メンバーの意識が著しく低下している原因が、部門長にあることが明白な時。
④社長の方針・決められた政策に反した部門経営をしている。何度社長が反省を促しても改めることがなく、ズルズルと事態が悪化している。
⑤社長として〝許せない〟位の道義的な事故を引き起こし、会社の信用に傷がついてしまった時。

社長が介入すべきか否かは、結局のところ社長自身が持つ判断基準によって決まりますが、すくなくとも、部門長の日常の在り方に人一倍の関心がなくては判断に迷いが生じますし、〝介入〟の勇気に二の足を踏んでしまいます。

## 18 甘く、ケジメのないマネジメントには外圧を利用する

外圧とは外部の力のことであり、外部のブレーンをどう活用するかということです。経営そのものが危機に瀕した時には、金融の力をバックにした銀行や大手取引先からの出向者が建て直しに派遣されることがよくあります。

銀行出身者に経営がわかるとも思いませんが、生半可な形で、「自分に経営ができる」と思っていない人の方が素直な気持ちと姿勢で内部の人に依存することが出来て、結果的に人づかいが上手くいくのでしょう。

倒産により、当該企業の社長は辞めたとしても再建のための内部人材の有無が事態改善の成否の鍵を握っています。一般的に内部のそのような〝出来る人材〟である人程、人一倍のプライドを持っていますから、通常の健全な会社においては外部からの出向者が力を発揮する前に社内の人に潰されてしまいます。しかし、瀕死の会社の場合、頼みの綱は何といっても金融力です、銀行です、そして大口取引先です。これが外圧となって再建に向

けてのエネルギーが発揮されるのです。

健全な経営状態にある会社では、外部ブレーンたるべき経営コンサルタントが有効な外圧手段になります。内部のメンバーでは、いったん染まり切った社風の中で体質・体制の刷新・改善はなかなか困難なようです。「あんな奴に言われることはない」「あの男にデカイ口を叩ける資格があるのか」となり、意地と張り合いが先行してしまうのです。しかし、外部のコンサルタントにしても能力の質とモラルにおける格差は大きく、頭から信用する訳にはいきません。何しろ嘘とハッタリの世界だとウソブク人が少なくないのですから。

信義を重んじ、能力レベルの高いコンサルタントであり、自分の仕事に、プライドと使命感を確立している人なら安心して外圧になって貰えます。

コンサルタントである以上、能力があることは当然ですが、能力よりも更に大切なものは、人間として信頼するに足りる〈誠心誠意・一生懸命な姿勢〉があることです。

〈信頼してはならないコンサルタント〉

①自分の実績として、他社における成功事例の実例・実名をあげて、自己ＰＲに相努める人、他人のやったことを自分がやったと嘘をつく人。
②高料金＝高能力だ、と吹いている人。
③社長に接する時と社員に対する時の態度が極端に違う人、社長にだけ目を向けている人。
④他社の㊙事項を、得々と喋る人、情報を漏らす人。
⑤「何でも出来る」という人、思っている人。
⑥約束や時間を平気で破り、守らず、そのくせ相手にそれを求める人。
⑦「個人・社長のため」が先行し、「会社のため」、に仕事をしない人、要領の良すぎる人。
⑧大きな組織で胡座をかいて仕事をする人や、一匹狼で片寄った伎倆しかない人。

＜信頼に足りるコンサルタント＞
①真面目、誠実な人で行動にも人柄の出る人。

②金と時間に関係なく、仕事のための仕事に徹している人。
③自分の人生観・仕事観を持ち、社長が心から信頼できると思う人。
④他社における事例は豊富でも、実名を言って情報として提供しない人。
⑤会社の実情に合った処方が出来、そのための問題意識力と分析力のある人。
⑥自分の専門分野を持ち、それをベースに巾を広げていることのうかがえる人。
⑦自分達の仕事は黒子に徹し、上手くいっても決して驕らず、表舞台に出ようとしない人。そうでありながら、核心を突く能力、胆識のある人。
⑧自分の出来ない事を「出来る」と言わず、他の協力メンバーとのネットワークによってカバーできる人。

よい外圧たる人に出会うか出会わないか、それは縁としか言いようがありませんが、社長自らが探す努力をすることが大切であるのは当然です。そして、しっかり自分の目でその人をじっくり見ることです。コンサルタント会社の大小とコンサルタントの能力や仕事の内容には、全く関係はありません。世間における知名度とも無関係です。

個人そのものが商品であるだけに、一般的コンサルタント会社は、量の拡大は、必ずといってよいぐらい質的レベル低下をもたらすようです。外圧は上手く使うものであり、使われるものではありません。

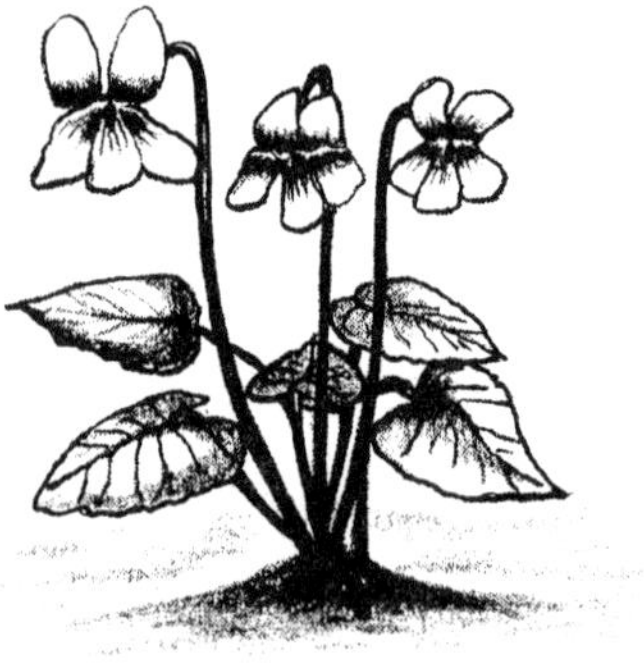

## 19 ルールは必要に応じて少しずつ明文化する

規則、規定の果たす役割は二つに分けられます。

①会社、組織を維持・運営するためのもの

＝保守的な性格を持ち、行動のためのルール

②飛躍・発展さすための規範となるもの

＝より革新、改善をもたらすためのルール

①については、社員就業規則に始まる組織の仕事の分担を決めた職務規定等の類いですし、②は、分社のルール、成果配分のルール、仕組みのあり方など、会社の発展に応じてつくっていくものです。

一般的に総務部や人事課がつくりたがる職務権限規定のようなものが、分厚い冊子で積まれている会社ほど組織の動きは鈍いようです。経営活動の現場が必要とするルールを、

必要としてきた経営の段階でつくっていけば良いのであり、ルールづくりが先行するとどうしてもそれに縛られてしまいます。手段と目的がどこかで入れば変わるのです。

本来、ルールなどというものは無いか、少なければ少ない方が、社員が自由闊達に動ける余地を生み出すもの。

しかし、組織の拡大に伴い、保守的な規定を作ることで会社と社員が安心して仕事をするだけのことから、より前向きのシステムをルールとして運用する必要性が高まってきます。必要性の高まりとは安心して挑戦できるための土台をルールとして明確にしておくべき必要性を痛感してきたレベルに達した時のことです。

この安心と挑戦ができるためのルールとはどういうことでしょう。

## 安心＝就業規則に含まれる給与規定を初めとする労働条件規定と運用

この安心を与えるという意味は、決して社員に〝楽をし、怠けて、仕事をしていなくても会社が生活を保証する〟といった〝甘え〟をもたらすものではなく、ビジネスの最前線で死力を尽くして頑張っていても、後方ではしっかりと会社が支えてくれていると言うことを実感できるためのものです。休業補償や保険は、この類です。実はこの安心部分のルールは、社員からは口に出し難いけれども、その実、一番しっかりしたルールづくりを求めているものなのです。

## 挑戦＝ヤル気の出るシステム運用にための規定

挑戦する気になるためには、自分のやったことを公平・公正に評価され、それが報酬に反映されなければなりません。又、組織における自分の位置が高くなっていくことを実感できるものでなくてはなりません。

「会社に規定はなるだけ少ない方が良い」ということを逆手にとって、「朝令暮改は、激しく変化する経営環境に対応するために不可欠なこと」、「朝令朝改だって必要だ」と言い、安心と挑戦の両方のルールを明文化することを嫌う社長もいます。

しかし、特に、仕事に熱中して目標に対する達成意欲の強い人が、安心の部分で不安を覚えなくても良いルールだけは、社長の哲学に基づいて、明確なルールづくりと運用として必要です。

何れにしても会社においては社長が法律であり、ルールであるだけに、時として社長自身が自らの決めたルールに縛られる時がありますす。しかし、そのデメリットよりも社員が安心して仕事に励める環境をつくっておくメリットの方が、はるかに会社にとって得るものは大きいはず。

この考え方に基づいて、ルールはなるだけ基本的なものに止め、あとは組織の変容とその時々の在り方によって必要最小限のものをつくっていけばよいのです。

## 20　非生産的経費は徹底的に倹約する

経営は見栄や体裁でするものではなく、〝実態〟でするものです。実態というのは「必要な時に必要な金を使うことは惜しまない。しかし、経営に生かされない経費は一円たりとも使わない」ということであり、経営の在り方を、現状の必要性に合わすことです。

名古屋近郊の治工具メーカーでは、お昼の12時になりますと、事務所はすべて消灯されてしまいます。来客用のエレベーターまで止められますからお客様は大変です。勿論、受付嬢など配置していることはありません。少し合理的すぎて、味気のない思いもしますが、これはこれとして、納得してしまうのです。なぜかと言いますと、決算ボーナスが通常年間五ヶ月分の上に、毎年三ヶ月は出せる状況だからです。その会社の社長の価値判断基準は、社長自身が「要らない」と思う経費は削り、少しでも利益を大きくすることで、会社の将来のための投資と社員への分配への源資にしようということにあります。

設備への投資は生産的であり、ヒトへの利益分配も又、前向きの生産的経費なのです。

使わなくてもよいお金を使ったり、誰も喜ばない費用を使い、ダラダラとお金のタレ流しをしているような会社は10中10の会社が利益を上げていません。「こんなことに費用を使わずに、もっとしめていけばよいものを…この会社は、まるで濡れ雑巾だ」と思う会社も少なくありません。

削減すべき非生産的経費は、周囲にころがっています。

①不効率なダラダラ営業の在り方や販売効率の悪い、ダラシない営業マンの放置。

②稼働率の悪い設備やレイアウト、人員配置。的を絞れないダラ〳〵投資。

③分《ブン》をわきまえない社交用費用、接待費。

④今、使わない電気・ガス・コンピューター・ワープロのスイッチをつけたままにしていること。

⑤コピー代も含めて、沢山資料を使う会議を頻繁にやりつづけること。

……他に一ぱいあります。

（生産性＝産出／投入＝成果）の算式の中で〝投入した費用と産出し得たものとのバランスが〟イコール成果ですから、成果に結びつかない費用は無駄だということ。

〝無駄の効用〟という言葉もありますが、ダラシない会社がこんな言葉を使う資格はありません。

「床下の土の一握りから、社員の机の中に眠っている三本、四本ものボールペン、鉛筆もすべて私のモノだから、粗末に扱ってくれるな」と言っている社長がいます。私は、それだけ言い切れる社長は立派だと思います。

社内会議で社用箋をメモ用紙として使う人、自社の宣伝用マッチをポケットに入れている人、社用のふりをして、私用の電話をしている人、こんな人を見かける会社は、かなり腐っています。見逃している社長自身が感覚マヒに陥っています。

H社の社長は、「今、不景気の中で我社は減収増益です。減収そのものは会社として問題なのですが、増益であるということは、経費の使い方が効率的になっている証拠です。普段から心がけているので、これ以上経費は削れません」と言っています。

固定費、変動費共、肥大化している会社は、肥えている分だけ削れる余裕があると思うのが普通です。ところが、経費が肥大化している会社はそのこと自体が体質化しているので、削るべき時に削れないのです。日頃の会社の在り方、トップの心の持ちようこそ、問題です。

# あとがき

この本で書いてきた話の事例はすべてアレンジです。

事実は正直です。どんなに糊塗しようが、事実は現実ですし、現実である今はこの瞬間、すでに過去のものとなっていきます。

だから〝過去〟の積み重ねである歴史によって今を確認し、その上で未来を学び、知り、測るための経営の原理・原則を常に忘れることなくありたいものです。

企業経営の原点はドロ臭い三チャン経営です。組織の運営も、魚屋のおやじさんが仕事のすべてを自分一人で切りもりしていくその姿勢と行動が原点にあって順次、他人に仕事をまかせていくことを基本にしていかなければなりません。

したがって、ビジネスという範疇の中にあるすべての要素、例えばヒトも商品もサービスも……、何もかもが経営者自身や、部門長自身の全人格、全能力を反映します。長たるものは心しなければなりません。

奮い立ち、闘い続けなければなりません。自らの求めるものを実現するためには、安易な妥協をしてはなりません。

そのための心の支えが自らの夢であり、ロマンであり、身近にいる愛すべき一人ひとりです。一歩、又足を前へ踏み出せば、新しい世界が拓けます。

理想はあくまでも「ありたいこと」「あるべき姿」でしょう。過去は是として認めなければ心淋しいものです。その上で現状を過去の延長として捉えるのではなく、勇気を持って否定することが新しい明日を拓き、創ります。

経営は実践です。〝やること〟〝やる切ること〟が経営力となります。

実践の一つ一つが、一条の光明として明日への道を照らしてくれるものと信じ、歩み続けるために、ここで、又、経営の原点に帰り会社のあり方、トップや幹部のあり方を見直して下さい。

見直す時のポイントは、**「今から新たに事業を始めるならどうするか?!」**に在ります。

二〇二一年九月

〈研修・教育用副読本〉一覧

# エデュース・原 清の書籍 ―― 1981〜2021年

**リーダー用**

1.「精鋭リーダーへの道」
近代文芸社・1994年1月／2刷1997年1月
サンライズ出版・2021年8月31日
開催590回、参加者1.5万人を超える「リーダー研修」に供し、復刻再版。集団を目標に導くリーダーの使命と自覚、考え方に迫る。

**経営者用**

2.「アントレプレナーシップ経営の実践」
近代文芸社・1994年1月／2刷1997年1月
サンライズ出版・2021年8月31日
起業家・中興の祖と言われる経営者のセオリーを再版。

**中堅リーダー用**

3.「プロビジネスパーソンのあなたのためになりたい本」
エデュースはら事務所・1997年1月
復刻版　サンライズ出版・2020年6月
ビジネスパーソンの基本。

**経営幹部用**

4.「企業力」㈱エデュース・2001年1月
「中文版　企業力」
台湾・中国生産力中心・2005年10月
トータル企業力は、経営者のあり方・市場（マーケティング）・企画開発・営業・組織・マネージメント力・理念社風・中期経営ビジョンの実際にある。

**経営者・後継者用**

6.「実証・経営原則―継ぎ、続ける―」
エデュースはら事務所・2021年8月
マネージメントコンサルとして45年、会社（事業）継承と継続を原則と事例にまとめ体系化。2版ではウエルシアの創業者と経営事例を増補。

7.機関誌「企業と人」№1〜145
エデュース・1981年3月〜2020年1月

8.「幸福《しあわせ》が目じるし創業者精神と今―原点の学び―」
現存し地歩を固める企業の原点について軌跡を知りその経験則と歴史から探る。（2024年1月発行予定）

## ■著者紹介

原　清（はら　きよし）

滋賀県彦根市生まれ

1969年　台湾・国立中興大学農学部農業経済研究所修士課程卒
　　　　工作機メーカーの倒産、会社更生法適用申請にともない勤務していた系列会社退社。

1975年　大手経営コンサルタント会社に約３年、誘いを受けたコンサル会社で５年の大阪勤務。

1982年　㈱エデュースコンサルタンツを設立。大阪・西天満で18年、京都・七条通りで18年。

2019年　彦根に戻る。

エデュース・はら事務所
E-mail educekyoto.hara227@icloud.com


写真提供：森田　宏（もりた　ひろむ）


## アントレプレナーシップ経営の実践

2021年９月10日　第１刷発行

著　者　原　清
発行者　岩根順子
発行所　サンライズ出版株式会社
〒522-0004 滋賀県彦根市鳥居本町655-1
電話 0749-22-0627　FAX 0749-23-7720

印刷・製本　サンライズ出版株式会社


 ISBN978-4-88325-740-9 C0034　Printed in Japan
定価はカバーに表示しています。
落丁・乱丁本がございましたら、小社宛にお送りください。
送料小社負担にてお取り替えいたします。

本書は、1994年に近代文芸社より刊行された『儲ける会社の理想の社長』に加筆したものです。